Kochkunst in Bildern

Band 6

KOCHKUNST IN BILDERN • 6

Das Plattenbuch der Internationalen Kochkunst-Ausstellung 2000
280 Farbabbildungen von Kreationen
mit Kurzbeschreibungen der Verfertiger
70 Farbabbildungen der Nationalteams

The book on platters of the International Culinary Art Exhibition 2000
280 coloured pictures of the creations
with short descriptions and the names of the producers
70 coloured pictures from the national teams

Le livre plateaux de l'Exposition Internationale de l'Hôtellerie et de la Restauration 2000
280 photos en couleur des créations
avec des descriptions courtes et des noms des producteurs
70 photos en couleur des équipes nationales

Herausgeber:

Verband der Köche Deutschlands e. V.
Frankfurt am Main

MATTHAES VERLAG GMBH

Inhalt

Table of Contents

Contenu

Vorwort

Auf ein Jahrhundert Internationale Kochkunstausstellung IKA konnte der Verband der Köche Deutschlands e.V. gemeinsam mit den Teilnehmern und Gästen auf der IKA 2000 in Erfurt zurückblicken. Das beeindruckende Bild von eintausend Köchinnen und Köchen – in weißer Berufskleidung mit Kochmütze – beim Einmarsch der Nationen ist stets von neuem ergreifend. Es ist für mich ein Symbol, das den tieferen Sinn dieser Veranstaltung darstellt: Hand in Hand mit dem Beitrag zur Fortentwicklung der Kochkunst wird die Verständigung von Menschen unterschiedlicher Nationen gefördert. In friedlichem Wettstreit messen sich Mannschaften aus fünf Kontinenten und präsentieren ihre Esskulturen. Auch die IKA im 100. Jahr ihres Bestehens stieß auf die ungebrochene Resonanz unseres Berufsstandes. Trotz des kurzfristig veränderten Austragungsortes nahmen rund eintausend Köche aus 33 Ländern teil. Für den Verband der Köche Deutschlands e.V. war die Organisation der IKA am neuen Standort Erfurt – nach Frankfurt und Berlin – eine große Kraftanstrengung, die wir dank vieler tüchtiger Mitarbeiter und Helfer erfolgreich gemeistert haben.

Das große Teilnehmerfeld, das gebotene hohe Leistungsniveau und die gute Stimmung bei den Aktiven sind deutliche Zeichen, dass die Kochkunst lebt. Wie andere Berufszweige schätzen die Köche diese internationalen Schauen, auf denen man Kollegen und Gleichgesinnte trifft, die Neuem gegenüber aufgeschlossen sind. Stolz und Freude auf den Berufsstand sowie die Freundschaften, die während der Wettbewerbe entfacht und geschlossen werden, werden über die Tage in Erfurt hinaus bestehen bleiben.

Was sind das für Menschen, die sich vier Wettkampftage lang mit ihrer Kunst den kritischen Augen von Publikum, Kollegen und Juroren aussetzen? Es sind Kolleginnen und Kollegen, die ihre Ideen und Innovationen anderen mitteilen und vermitteln möchten. Sie empfinden Kochen als Leidenschaft und nehmen mit bewunderungswürdiger Hingabe die Strapazen der IKA-Vorbereitungen auf sich: lange Trainingseinheiten, Feilen an den kleinsten Details, Verzicht und Einschränkung von Freizeit und Familienleben. Ihnen allen, zusammen mit ihren Trainern und Betreuern, gebührt unser aufrichtiger Dank und herzlicher Beifall, ebenso den Juroren und den unzähligen Helfern. Nur durch ihren Beitrag ist die IKA das geworden, was sie heute ist: die bedeutendste Kochkunstausstellung der Welt. Wie bereits in den vorausgegangenen Jahren möchte der VKD dem Wunsch nach einer IKA-Dokumentation nachkommen. Dieses Werk „Kochkunst in Bildern 6" liegt nun vor Ihnen. Er zeigt die neuesten Trends und Standards in der internationalen Gastronomie, in der Gemeinschafts- und Truppenverpflegung.

Dem aufmerksamen Beobachter führt die umfassende Dokumentation der Bände 1 bis 6 in eindrucksvoller Weise den weltweit anerkannten hohen Leistungsstandard der IKA vor Augen, aber ebenso die Entwicklung von kunstvollen und zugleich realitätsbewussten Anrichteweisen sowie richtungweisenden Rezepturen von 1980 bis zur Gegenwart.

Der aktuelle Band zeigt vortrefflich, mit welchem Ideenreichtum, meisterlicher Handhabung der Rohstoffe und interessanten Einflüssen der unterschiedlichen Kulturen und Regionen die Mannschaften und Einzelaussteller die Wettbewerbsaufgaben umsetzten und damit Fachleute und das Publikum zum Staunen brachten. Auf großes Interesse stießen bei dieser IKA die neuen Wettbewerbsaufgaben Fingerfood und die ovo-lacto-vegetabilen Platten. Die in allen Kategorien erbrachten Leistungen in den Wettbewerbsrestaurants und/oder den Plattenschauen haben eindrucksvoll den hohen fachlichen Stellenwert der IKA bestätigt. Diesem olympischen Standard trägt der aktuelle Band „Kochkunst in Bildern" ebenso Rechnung wie die vorangegangenen fünf Ausgaben. Bereits beim Blättern durch die Seiten werden die Sinne geweckt, und die Lust am Kochen erwacht. Dem Küchenmeister Hansjoachim Mackes sowie seinem Team gilt ebenso wie den Fotografen und dem Matthaes Verlag unser besonderer Dank. Mit großem Sachverstand haben sie beispielhaft herausragende Objekte in diesem Band zusammengetragen, die den Kolleginnen und Kollegen überall auf der Welt als Anregung, Anschauung und als Erinnerung dienen werden.

Nach den aufregenden Tagen der IKA 2000 ist es nun an der Zeit, vorauszuschauen. Wir vom Verband der Köche Deutschlands freuen uns, in vier Jahren wieder die Köchinnen und Köche aus aller Welt in Deutschland begrüßen zu dürfen. Wir laden alle Freunde und Kollegen der Kochkunst herzlich ein, wenn es im Jahr 2004 heißt: An den Start zur 21. IKA / Olympiade der Köche.

Dr. h. c. SIEGFRIED SCHABER
Präsident des Verbandes der Köche Deutschlands e.V. und Weltbundpräsident

Foreword

The Association of German Cooks, along with the public and guests at the International Culinary Arts Show 2000 in Erfurt, Germany was able to look back over a century of this international exposition. The impressive scene of 1,000 cooks – wearing their white clothes and chef's hats – when the nations came marching in is an ever new and stirring moment. To me it is a symbol of the deeper meaning of this event: hand in hand with its contribution to the ongoing progress of the culinary arts, it promotes understanding among human beings from different nations. In harmonious competition, teams from five continents measure their strength against each other and present their national cuisines. Once again, the International Culinary Arts Show, or "IKA", found the unanimous approval of this professional group. In spite of the necessity of changing the venue at short notice, one thousand cooks from 33 countries took part. For the Association of German Cooks, organising the International Culinary Arts Show at its new location in Erfurt – following Frankfurt and Berlin – was a major effort which was successfully mastered thanks to the hard work of many fellow workers and helpers. The large field of participants, the high level of quality in performance, and the cheerful atmosphere among those who were active, were clear signs that the art of cooking is alive and well. Like those in other professions, cooks look forward to these international shows at which they meet their colleagues and others of like mind in a spirit of openness for new ideas. Pride in their work and enjoyment of their profession, as well as the friendships which are promoted and entered into at the competitions, will remain alive beyond the days in Erfurt.

What kind of people are these, who open up the secrets of their art to the critical eyes of the public, their peers and the jurors for four days of competition? They are colleagues who wish to share and promote their ideas and innovations with others. They experience cooking as a passion and accept the exertions of preparing for the IKA with admirable dedication: training for long periods, polishing up the smallest details, foregoing and restricting free time and family lives. All of them, together with their trainers and managers, deserve our sincere thanks and hearty applause. This also applies to the jurors and the countless helpers: Only through their contribution has the International Culinary Arts Show become what it is today: the major exposition of culinary arts in the world. As in past years, the Association of German Cooks in Willershausen, Germany, wishes to respond to the universal wish for a book about the international exhibits of the show. This work, No. 6 in the series of "Culinary Art in Pictures", is now before you. It shows the latest trends and standards in international gastronomy, and in large-scale meals and military food provision.

The comprehensive documentation contained in volumes 1 to 6 not only lets the world-renowned standard of high performance of the International Culinary Arts Show pass review before the eyes of the alert observer but also illustrates the development of highly artistic and down-to-earth styles of gastronomic preparation, along with the trend-setting recipes from the year 1980 to the present. This current volume does an excellent job of showing the wealth of ideas, the masterful use of raw materials, and the interesting influences of different cultures and regions. It also shows how the teams and individual exhibitors met the tasks set them in the competition and astonished both specialists and the public in doing so. The new competition categories of Finger Food and Ovolacto-Vegetable Dishes met with great interest at this International Culinary Arts Show. The work done in all categories in the competition restaurants, and the exhibition of finished dishes, strikingly confirmed the high professional level of the International Culinary Arts Show. This Olympian standard is reflected in the current volume of "Culinary Art in Pictures" just as in the preceding five volumes. Merely paging through the book is enough to alert the senses and awaken the desire to cook.

Our special thanks go to Master Chef Hansjoachim Mackes and his team as well as to the photographer of the Matthaes Publishing House. Their profound professional know-how has brought together exemplary and outstanding objects in this volume to serve colleagues everywhere in the world as ideas, illustrations, and reminders. Following the exciting days of the International Culinary Arts Show 2000, it is now time to look forward to the future. We of the Association of German Cooks look forward with pleasure to being able to invite men and women cooks from all over the world to Germany again in four years. We cordially invite all the colleagues and friends of the culinary arts in the year 2004, when it will again be said: Off to the 21st International Culinary Olympics!

Dr h. c. Siegfried Schaber
President of the Association of German Cooks and President of the World Federation

Avant-propos

Le Groupement des cuisiniers allemands – Verband der Köche Deutschlands e. V. –, ainsi que les participants et les invités de l'Exposition gastronomique internationale – Internationale Kochkunstausstellung ou IKA – 2000 qui s'est tenue à Erfurt, peuvent se prévaloir d'un siècle d'expositions gastronomiques internationales. La formidable vision d'un millier de cuisinières et de cuisiniers – en habit de travail blanc et toque – lors de l'entrée des nations fait chaque fois de nouveau le même effet saisissant. Cette vision est pour moi un symbole qui incarne le sens profond de cette manifestation : main dans la main et apportant chacun leur contribution à l'évolution de l'art culinaire, ils font progresser la compréhension entre les hommes de différentes nations. Des équipes venues des cinq continents se mesurent dans une compétition pacifique et présentent leurs cultures gastronomiques respectives.

Pour son centenaire, l'IKA elle aussi s'est vue confrontée à la popularité toujours intacte dont jouit notre profession. En effet, malgré le changement de lieu de dernière minute, près d'un millier de cuisiniers venus de 33 pays ont participé à la compétition. Pour le Groupement des cuisiniers allemands, organiser l'IKA à Erfurt – après Francfort et Berlin – a représenté un effort important dont nous sommes brillamment venus à bout grâce à de nombreux et talentueux collaborateurs et aides. Le grand nombre des participants, le niveau élevé des prestations offertes et la bonne disposition des actifs constituent autant de signes clairs que l'art culinaire vit. De même que d'autres branches professionnelles, les cuisiniers apprécient de telles manifestations internationales qui leur permettent de rencontrer des collègues et des adeptes ouverts à toutes les nouveautés. La fierté et la satisfaction que donne l'exercice de notre profession, ainsi que les amitiés conclues et consolidées pendant la compétition, continueront d'exister bien au-delà de ces quelques jours à Erfurt. Quels sont-ils, ces hommes et ces femmes qui se soumettent eux et leur art aux regards critiques du public, de leurs collègues et du jury pendant quatre jours de compétition? Ce sont ceux de nos collègues qui souhaitent faire connaître et enseigner à d'autres leurs idées innovantes. La cuisine est pour eux une passion et ils acceptent avec un courage et une bonne volonté dignes d'admiration les épreuves que représente la préparation à l'IKA : longues unités d'entraînement, fignolage jusqu'au moindre détail, abandon et restriction de leur temps libre et de leur vie familiale. À eux tous, ainsi qu'à leurs entraîneurs et assistants, reviennent nos remerciements du fond du cœur et nos louanges les plus sincères. Cela concerne également les jurés et les très nombreux collaborateurs : ce n'est que grâce à leur contribution que l'IKA a pu devenir ce qu'elle est aujourd'hui, l'exposition gastronomique la plus importante du monde.

Le volume qui vient de paraître illustre parfaitement la richesse d'idées, l'utilisation magistrale des matières premières et les influences pleines d'intérêt de diverses cultures et régions qu'ont manifestées les équipes et les exposants individuels au cours de la compétition afin de surprendre et d'émerveiller le public et les spécialistes présents. Les nouvelles catégories en compétition en particulier, amuse-gueule et plateaux œufs-laitages-légumes, ont suscité un grand intérêt lors de cette IKA. Mais les prestations réalisées dans toutes les catégories par les restaurants en compétition et/ou les expositions de plateaux ont incontestablement confirmé la place importante qu'occupe l'IKA pour les spécialistes. Le dernier volume de „L'art culinaire en images" tient autant compte de ces nouvelles normes olympiques que des cinq catégories précédentes. Il suffit d'en feuilleter les pages pour voir ses sens s'éveiller et son envie de cuisiner s'animer.

Nous devons un remerciement particulier au chef-cuisinier Hansjoachim Mackes et à son équipe, ainsi qu'au photographe de la maison d'édition Matthaes. Ils ont fait preuve d'une compétence exceptionnelle pour rassembler dans ce volume des objets exemplaires d'exception qui seront autant de sources d'inspiration, de documentation et de souvenirs pour nos collègues du monde entier. Après les journées palpitantes de l'IKA 2000, il est désormais temps de penser à l'avenir. Nous nous réjouissons avec le Groupement des cuisiniers allemands de pouvoir de nouveau saluer dans quatre ans les cuisinières et cuisiniers du monde entier en Allemagne. Et nous invitons cordialement tous nos amis et collègues du monde gastronomique et culinaire à prendre le départ en 2004 pour la 21ème IKA / Olympiade des cuisiniers.

Dr h. c. Siegfried Schaber
Président du Groupement des cuisiniers allemands / Verband des Köche Deutschlands e.V.
et président de la Fédération mondiale

Mitglieder des Weltbundes der Kochverbände

Argentina
Professional Center and Brotherhood
of Kitchen Workers Association #5968
Centro Profesional y F.T. de la Cocina
Avda. Rivadavia 1255 – Piso – Of. 423
CP 1033
ARG-Buenos Aires, ARGENTINA
President Vincente R. Benitez

Australia
Australian Culinary Federation
P.O. Box 531 Milson Point 2061
AUS-Sydney 2065, AUSTRALIA
President Peter Howard

Austria
Verband der Köche Österreichs
Phillppovichgasse 1–3 / stg XI
A-1190 Wien
President Prof. Dir. Franz Zodl

Azerbaijan
The Azerbaijan National Culinary Assn.
370031 Tramvainaya str.
AZERBAIJAN REPUBLIC, AZ 23/41 Baku
President Takhir Idris Oglu Amiraslanov

Belgium
Association et Groupement Professionnel
des cuisiniers de Belgique / Vatel Club
Gossetlaan 31
B-1702 Groot-Bijgaarden
Secrétaire Michel Coopens

Botswana
Botswana Chefs and Caterers Circle
President Hotel
P.O. Box 200
BW-Gaborone, BOTSWANA
Chairman Alan Watson

Canada
Canadian Federation of Chefs & Cooks
Apt. 404, 100 Bronte Road
CA Oakville, Ontario
L6L 3B8 CANADA
President Cornelia Vorion Patterson

Chile
Asociacion Chilena De Gastronomia
La Concepcion No 65, Oficina 901
CL Providencia Santiago
CHILE
President Juan Pablo Moscoso

China
China Cuisine Association
3 Dajiangfang Hutong, Xisi
South Street, CN Beijing
The People's Republic of CHINA 100032
President Zhang Shiyao

Colombia
Asociación de Cocineros de Colombia
Cra. 10 # 17–67 / 95
Oficina 311/CO Santafé de Bogota
COLOMBIA-South America
President Ricardo Blanco M.

Costa Rica
Association National de Chef Costa Rica
Apartado 327-1009 Fecosa
San José/COSTA RICA
President Marco Mora

Croatia
Hrvatsko Drustvo Kuhara Vrbovec
Strukovna Udruga
Brcevec 70
HR 10340 Vrbovec
President Vladimir Katanec

Cuba
Asociación Culinaria
de la República de Cuba
Habana 304
3er piso entre San Juan de Dios y O'Relly/CP 10100
CU Habana, 1, CUBA
President Jose Luis Santana Guedes

Cyprus
Cyprus Chef's Association
P.O. Box
CY 7699 Nicosia
CYPRUS
President Marios Hadjiosif

Czech Republic
Association of Chefs and Confectioners
of Czech Republic / AKC - CR
Václavské nám. 17/pasáz Práce, III. Schodiste, 3. patro
CZ Praha 1, 110 00, CZECH REPUBLIC
President Julius Dubovsky

Danemark
Kokkencheffernes Forening
Lindegade 25
DK-6070 Christiansfeld
President Gert Sorensen

Egypt
Egypt Chef's Association
7, El Fat'h Street
El Manial El Rawda
EG Cairo, EGYPT
President Markus J. Iten

United Arab Emirates
Emirates Culinary Guild
P.O. Box 11803
AE Dubai, UNITED ARAB EMIRATES
President Michael Lee

Fiji Islands
The Fiji Chefs Association
P.O. Box 10150
FJ Nadi Airport
FIJI ISLANDS
President Daniel Steiner

Finland
Finnish Association of Executive Chefs
Eerikinkatu 40
FI-00180 Helsinki
President Lasse Lundqvist

France
Société Mutualiste des Cuisiniers de France
45, rue Saint Roch
F-75005 Paris
President Raoul Gaia

Germany
Verband der Köche Deutschlands
Steinlestraße 32
D-60596 Frankfurt a. Main 70
President Dr. h.c. Siegfried Schaber

Great Britain/UK
Chefs and Cooks Circle
13 Underne Avenue/P.O. Box 239
GB-Southgate, N14 7NT
President Brian Cotterill

Greece
Chefs Club of Greece
Astir Palace Vouliagmeni
GR-16671 Vouliagmeni, Athens
President Tolis Tasos

Hong Kong
Hong Kong Chefs Association
P.O. Box 91614
Tsim Shatsui Post Office
HK Kowloon, HONG KONG
President Florian Trento

Hungary
The Hungarian Cook's Society
Rakoczi ut 58
HU-1074 Budapest
President Karoly Unger

Iceland
Icelandic Chef Association
P.O. Box 1301
IS-121 Reykjavik ICELAND
President Fridrik Sigurdson

Indonesia
Association of Culinary Professionals Indonesia
JKT. Hilton Int. Hotel/P.O. Box 3315
ID Jakarta 10002, INDONESIA
President Rolf Jaeggi

Ireland
Panel of Chefs of Ireland
P.O. Box No. 3716
Ballsbridge
IE Dublin 4, IRELAND
President John Clansy

Israel
Cercle des Chefs de Cuisine d'Israel I.C.C.
P.O. Box 50152
IL Tel Aviv 61500, ISRAEL
President Rafi Yefet

Italy
Federazione Italiana Cuochi
Via Pergolesi, 29
I-20124 Milano
President Claudio Zaretti

Japan
All Japan Cooks Association
3-6-22 Shibakoen, Minato-ku
JP Tokyo, JAPAN 105
President Shiro Deguchi

D.P.R Korea
Cooks Association Democratic Peoples
Republic of Korea
Rakwon Street 200–510
Pottongyang District
PYONGYANG
KP D.P.R. Korea
President Ri Chang Ho

South Korea
Korean Center Cooks Association
7-7 Songpa-Dong, Songpa-Ku
KR Seoul, Republic of Korea 138-170
President Young-Ki Choi

Luxembourg
Vatel Club Luxembourg
2, rue du Moulin
LU-8380 Kleinbettingen
President Aloyse Jacoby

Malaysia
Chefs Association of Malaysia
15B, Jalan Pandan Indah 1/23B
MY 55100 Kuala Lumpur, MALAYSIA
President Arthur Heng

Malta
The Malta Cookery & Food Association
c/o Institute of Tourism Studies
St. Georges Bay
MT St. Julians STJ 02, MALTA
Chairman Guido Debono

Mauritius
Mauritian Chefs Association
Hotel & Tourism Training Centre
Les Casernes
MU Curepipe
Republique de MAURITIUS
President Gopalsamy Murday

Mexico
Vatel Club de Mexico A.C.
Nueva York 130 – Apto. 303
MX 03810 MEXICO D.F.
President Olivier Lombard

Monaco
Le Grand Cordon d'Or De La Cuisine
Villa Serena, 8bis, Avenue de la Costa
MC 98000 Monte Carlo, MONACO
President Marcel Athimond

Namibia
Namibian Chefs Association
P.O. Box 2590
NA Swakopmund, NAMIBIA
Chairman Egon von Bentheim

Netherlands
Netherland Club voor Chefskoks
Goorstraat 18
NL-5666 EC Geldrop
President Johann Geervliet

New Zealand
New Zealand Chefs Association Inc.
P.O. Box 97 377
South Auckland Mail Centre
NZ Auckland, NEW ZEALAND
President Martin Harrap

Norway
Norges Kokkemesteres Landsforening
Administration Office
P.O. Box 2536, Ullandhaug
N-4004 Stavanger
President Einar Øveras

Philippines
Les Toques Blanches
7431 Yakal Street, San Antonio Village
P.O. Box 3211, Makati C.P.O. 1272
PH Makati, Metro Manila, PHILIPPINES
President Othmar Frei

Peru
Association Peruana de Chef
Cocineros y Afines, APCCA
Jr.Maximiliano Carranza 540 Zona „D"
San Juan de Mriflores
PE LIMA 29-Perù
President Augstin Buitron

Poland
Polish Association of Pastry and Kitchen Chefs
Kurt Scheller Executive Chef
Hotel Sheraton Ul. B. prusa 2
PL 00-493 Warszawa POLAND
President Robert Sowa

Portugal
Associace Dos Cozinheiros & Pasteleiros de Portugal
Rua José Coelho, No. 40-3 Dt. E Esq.
Alcântara
PT-1300 Lisboa
President Fausto L. Airoldi

Romania
Asociatia Nationala a Bucatarilor si cofetarilor
Din Turism – România
ANBCT, Bucarest CP 63-137
RO Bucarest ROMANIA
President Dumitru Burtea

Russia
Russian Interregional Culinary Association
Berezhkouskaya NAB, 6
RU 121864 Moscow, RUSSIA
President Natalya Nomofilova

Saudi Arabia
Les Toques Blanches
Pattis France, P.O. Box 172
SA Dammam 31411, SAUDI ARABIA
President Julien L. Tornambe

Scotland
Federation of Chefs Scotland
2, Helense Court
Kirktonhill
GB Dumbarton G82 4HAT, SCOTLAND
President Brunton Smith

Singapore
Singapore Chefs Association
P.O. Box 926, Raffles City
SG SINGAPORE 911731
President Otto Weibel

Slovakia
Slovak Union of Chefs and Confectioners
Ministry of Economy of the Slovak Republic
Mirerova 18
SL 82715 Bratislava
Zuzana Duzekova

Slovenia
Slovenian Chefs Association
Brdo/State Protocol Service
Predoslje 39
SI 4000 Kranj, SLOVENIA
President Andrej Goljat

Spain
Federacion De Asociaciones De Cocineros y
Reposteros De España
c/Mayor, 46–48
E-28013 Madrid
President Norberto Buenache Moratilla

South Africa
South African Chefs Association
P.O. Box 2681
ZA Parklands 2121, SOUTH AFRICA
Chairman Dr. h.c. Bill Gallagher

Sri Lanka
Chefs Guild of Sri Lanka
Box 50
Business Centre Colombo Hilton
Lotus Road
LK Colombo 01, SRI LANKA
President Gerard Mendis

Sweden
Sveriges Kökschefers Förening
P.O. Box 7720
S-10395 Stockholm
President Sven-Ake Larsson

Switzerland
Société suisse des cuisiniers
P.O. Box 4870
CH-6002 Lucerne
President Vincent Bossotto

Thailand
Thailand Chefs Association
315/60-61 Nobel park, Bangphli
TH Samut Prakarn 10540, THAILAND
President Marco Brueschweiler

Uruguay
AUCCA Calle 18 de JULIO 976
Paysandu 783 1er Piso y Florida
UY Montevideo, URUGUAY 11100
President Victor Guiterrez

USA
American Culinary Federation, Inc.
P.O. Box 3466
St. Augustine, Florida 32086
USA
President Dr. Noel Cullen

Zimbabwe
Zimbabwe Chefs Association
P.O. Box HG 543
Highlands
ZW Harare, ZIMBABWE
President Glen Stuchbury

Richtlinien der Nationalmannschaften für die IKA 2000

Nur die nationalen Verbände, die dem Weltbund der Kochverbände (W.A.C.S.) angehören, können pro Nation ein Nationalteam am Wettbewerb teilnehmen lassen.

Teamzusammenstellung

1 Teamchef
3 Köche
1 Patissier
1 Ersatzmitglied

Der Teamchef darf in allen Bereichen mitarbeiten. Das Ersatzmitglied darf in der warmen Küche nur annoncieren.

KATEGORIE A – Kochkunst

- Showplatten „Fingerfood, Tapas und/oder Snacks" – in zwei Teilaufgaben

  1. Platte = 5 verschiedene „Fingerfood, Tapas und/oder Snacks"-Sorten je 6 Einzelportionen, kalt gedacht, kalt präsentiert

  2. Platte = 5 verschiedene „Fingerfood, Tapas und/oder Snacks"-Sorten je 6 Einzelportionen, warm gedacht, kalt präsentiert

  1 kalte festliche Platte für 8 Personen

  6 verschiedene komplette Vorspeisen, einzeln angerichtet für 1 Person

Von den 6 verschiedenen Vorspeisen muss eine Vorspeise doppelt (2x) hergestellt sein und ist zur Degustation für die Jury bestimmt.

In der Kategorie A muss zusätzlich zu den Schauplatten jeweils ein Teller für 1 Person angerichtet werden. Durch diese Demonstration – von der Schauplatte zum Teller – soll die Portion optisch wirksam dargestellt werden. Das Größen- bzw. Mengenverhältnis wird sichtbar.

KRITERIEN für die Bewertung der Kategorie A:

Präsentation/Innovation *0–20 Punkte*
Enthält appetitliche, geschmackvolle, elegante Darbietung, moderner Stil.

Zusammenstellung *0–20 Punkte*
In Farbe und Geschmack harmonierend, zweckmäßig, bekömmlich.

Korrekte fachliche Zubereitung *0–20 Punkte*
Richtige Grundzubereitungen, der heutigen modernen Kochkunst entsprechend.

Anrichteart/Servieren *0–20 Punkte*
Sauberes Anrichten, vorbildliche Anordnung, um ein zweckmäßiges Servieren zu ermöglichen.

Zahl der möglichen Punkte für die Wertung *80 Punkte*

Bei 3 Wertungen sind insgesamt 240 Punkte möglich.

Es werden keine halben Punkte vergeben.

KATEGORIE B – Kochkunst

- 1 vegetarische Platte ovolaktovegetabil (fleischfreie Ernährung, es dürfen aber Milcherzeugnisse und Ei verwendet werden) als Hauptgericht für 4 Personen, warm gedacht, kalt präsentiert
- 1 Menü für 1 Person, bestehend aus 3 Gängen (Vorspeise, Hauptspeise, Süßspeise), warm gedacht, kalt präsentiert
- 4 verschiedene, einzeln angerichtete innovative Hauptgerichte/Tellergerichte, warm gedacht, kalt präsentiert.

KRITERIEN für die Bewertung der Kategorie B:

Präsentation/Innovation *0–20 Punkte*
Enthält appetitliche, geschmackvolle, elegante Darbietung, moderner Stil.

Zusammenstellung *0–20 Punkte*
Eine ausgewogene Ernährung im richtigen Verhältnis von Vitaminen, Kohlenhydraten, Eiweiß, Fett und Ballaststoffen zueinander, in Farbe und Geschmack harmonierend, zweckmäßig, bekömmlich.

Korrekte fachliche Zubereitung *0–20 Punkte*
Richtige Grundzubereitungen, der heutigen modernen Kochkunst entsprechend.

Anrichteart/Servieren *0–20 Punkte*
Sauberes Anrichten, keine gekünstelten Garnituren, keine zeitraubende Anrichteweise, vorbildliche Anordnung, um ein zweckmäßiges Servieren zu ermöglichen.

Zahl der möglichen Punkte für die Wertung *80 Punkte*

Bei 3 Wertungen sind insgesamt 240 Punkte möglich.

Es werden keine halben Punkte vergeben.

KATEGORIE C

Pâtisserie/Feinbäckerei

- 6 gleiche Desserts, warm oder kalt, auf Tellern angerichtet. Die Desserst sollen so gestaltet sein, dass sie bankettgerecht für 200 Personen angerichtet werden können.
- 1 Platte mit Teegebäck oder Pralinen oder Petits Fours oder Käsefours oder Friandises, 5 verschiedene Sorten für 8 Personen mit Schaustück, passend zum Thema.
- 4 verschiedene exklusive Desserts, auf Teller angerichtet, mit Schaustück zum selbst gewählten Thema.

Zur Degustation für die Jury muss ein Dessert für 1 Person doppelt (2x) hergestellt sein. Dieses Dessert muss der Jury direkt übergeben werden.

Alle ausgestellten Objekte müssen aus essbarem Material sein.

KRITERIEN für die Bewertung der Kategorie C:

Präsentation/Innovation *0–20 Punkte*

Enthält appetitliche, geschmackvolle, elegante Darbietung, moderner Stil.

Zusammenstellung *0–20 Punkte*

Geschmacklich und farblich harmonierend, zweckmäßig, bekömmlich.

Korrekte fachliche Zubereitung *0–20 Punkte*

Richtige Grundzubereitungen, der heutigen modernen Pâtisserie entsprechend.

Anrichteart/Servieren *0–20 Punkte*

Sauberes Anrichten, vorbildliche Anordnung, um ein zweckmäßiges Servieren zu ermöglichen.

Zahl der möglichen Punkte
für die Wertung *80 Punkte*

Bei 3 Wertungen sind insgesamt 240 Punkte möglich.

Es werden keine halben Punkte vergeben.

KATEGORIE R

Restaurant der Nationen

Hier können die teilnehmenden Nationalteams Spezialitäten Ihres Landes herstellen. Jedes Nationalteam hat die folgende Aufgabe:

110 Menüs, bestehend aus,

110 x warme Vorspeise, aus Fisch oder Krustentieren oder Geflügel mit Beilage als Tellerservice, à 28 cm Ø mit Fahne
110 x Hauptgang von Schlachtfleisch oder Wild mit Beilage als Tellerservice, à 28 cm Ø mit Fahne
110 x Süßspeise als Tellerservice, à 28 cm Ø mit Fahne

Im Restaurant der Nationen wird 1 Menü als Schaustück für die Gäste in einer Vitrine präsentiert. Die Menüportion soll bereits am Vortag hergestellt und mit Aspik haltbar gemacht werden. Dieses Menü wird von uns auch fotografisch für das IKA-Buch benötigt.

Bitte zwei unterschiedliche komplette Menüvorschläge in der Landessprache, in deutscher und englischer Sprache mit genauer Rezeptur/Herstellungsanweisung für 110 Portionen einreichen.

Die Waren und Rohstoffe müssen selbst besorgt werden.

KATEGORIE R

Restaurant der Nationen

KRITERIEN für die Bewertung Kategorie R – Restaurant der Nationen

Mise en place und Sauberkeit *0–10 Punkte*

Bereitstellung der Materialien, um ein reibungsloses Arbeiten während des Service zu erreichen. Zeitgerechte Arbeitseinteilung und pünktliche Fertigstellung. Saubere, ordentliche Arbeitsweise während des Wettbewerbs wird ebenso bewertet wie der Zustand nach dem Verlassen der Küche.

Korrekte fachliche Zubereitung *0–20 Punkte*

Richtige Grundzubereitung, der heutigen modernen Kochkunst und Ernährungslehre entsprechend.

Anrichteart und Präsentation/Innovation *0–30 Punkte*

Sauberes Anrichten, keine gekünstelten Garnituren, keine zeitraubende Anrichteweise, geschmackvolle Anordnung für ein appetitliches Aussehen.

Geschmack *0–40 Punkte*

Der typische Eigengeschmack der Lebensmittel soll erhalten bleiben. Das Gericht soll den typischen Geschmack bei ausreichender Würzung aufweisen.
Ebenso soll durch eine entsprechende Zusammenstellung der Lebensmittel ein besonders Geschmackserlebnis hervorgerufen werden.

Dies bedeutet, dass für jeden Menügang bis zu 100 Punkte erzielt werden können.
Daraus ergibt sich 3 x 100 = 300 Punkte insgesamt.

Es werden keine halben Punkte vergeben

Auszeichnungen für Nationalteams

Alle teilnehmenden Nationalteams erhalten Medaillen und Diplome entsprechend den erreichten Punkten, siehe nachstehende Erläuterung. Der Verband erhält entsprechend Medaille und Diplom.

Punktevergabe für jeweils eine Kategorie in A, B oder C

Es gibt für die

1. Wertung	von 0–80 der möglichen Punkte
2. Wertung	von 0–80 der möglichen Punkte
3. Wertung	von 0–80 der möglichen Punkte
insgesamt	bis 240 der möglichen Punkte

Punktetabelle für Medaillen in der Kategorie A, B, C

80–72 Punkte	Goldmedaille mit Diplom
71–64 Punkte	Silbermedaille mit Diplom
63–56 Punkte	Bronzemdeaille mit Diplom
55–20 Punkte	mit Diplom

Punktevergabe für Kategorie R:
Restaurant der Nationen

Für die Vorspeise	0 bis 100 Punkte
Für den Hauptgang	0 bis 100 Punkte
Für das Dessert	0 bis 100 Punkte

Es sind insgesamt bis 300 Punkte zu erzielen

Punktetabelle für Medaillen Kategorie R:
Restaurant der Nationen

300–270 Punkte	Goldmedaille mit Diplom
269–240 Punkte	Silbermedaille mit Diplom
239–210 Punkte	Bronzemedaille mit Diplom
209–075 Punkte	Diplom

Auszeichnungen für Nationalteams im Wettkampf um den Olympiasieger der Köche 2000

Das Nationalteam, das in den einzelnen Kategorien A, B, C oder R die meisten Punkte erreicht hat, ist Olympiasieger in der jeweiligen Kategorie.

Das Nationalteam, das aus allen Kategorien von A, B, C und R die höchste Punktzahl erreicht hat, ist „OLYMPIASIEGER DER KÖCHE IKA 2000".

Spezielle Ausstellungsbestimmungen für Jugendnationalteams

1. Nur die nationalen Verbände, die dem Weltbund der Kochverbände angehören, können pro Nation ein Jugendnationalteam am Wettbewerb teilnehmen lassen.

2. Teamzusammenstellung

Die Mannschaft besteht aus vier Teilnehmern und einem Betreuer. Ein Ersatzteilnehmer kann gemeldet werden.

Die Teilnehmer sind Auszubildende, Commis de Cuisine, Kochschüler oder Studenten im Berufsfeld Koch.

I. Warme Küche

Herstellen von 110 Portionen eines Tellergerichts mit einem maximalen Materialeinkaufswert von DM 5,– je Portion.
Der VKD stellt hierzu für jede Jugendnationalmannschaft eine Küche (siehe Küchenplan) zur Verfügung. Küchen-Kleingeräte (siehe Liste) werden vor Beginn durch die Mannschaft übernommen.
Die 110 Portionen müssen komplett in der Wettbewerbsküche zubereitet werden. Beachten Sie besonders die Erläuterungen, in welcher Form die Lebensmittel für das Jugendrestaurant mitgebracht werden dürfen.
1 Portion wird als Schaustück für die Gäste in einer Vitrine präsentiert (kann mit Aspik nappiert werden). Dieses Tellergericht wird von uns auch fotografisch für das IKA-Buch benötigt.
Die 110 Portionen sind so zu planen, dass sie mit den technischen Einrichtungen der Küchen zu fertigen sind.
Die Lebensmittelrohstoffe sind von den Mannschaften mitzubringen und werden mit DM 440,– vergütet.
Sonstiges Handwerkszeug und Kleinküchengeräte sind gleichfalls mitzubringen.

Erläuterungen, in welcher Form die Lebensmittel für das Jugendrestaurant mitgebracht werden dürfen:

Die Waren und Rohstoffe für das Jugendrestaurant dürfen nicht so weit vorgefertigt mitgebracht werden, dass die Jury dadurch keine Möglichkeit mehr hat, die Verarbeitung von Anfang an so zu beobachten, dass es zu einer korrekten Bewertung kommt. Ansonsten wird die Jury dem Umfang entsprechend Punkte abziehen.

Erlaubt sind

Zum Wettbewerb Warme Küche dürfen bearbeitet bzw. vorbereitet werden
Gemüse/Pilze/Obst, geputzt, aber nicht zerkleinert oder tourniert
Kartoffeln, geputzt, aber nicht zerkleinert oder tourniert
Zwiebeln, geschält, aber nicht zerkleinert
Grundfonds
Grundrezepte dürfen bereits abgewogen sein.
Das Tellergericht wird auf dem vom VKD zur Verfügung gestellten Geschirr angerichtet (Teller, weiß, Ø 28 cm).

II. Kochstudio

Jedes Mannschaftsmitglied, das vormitags am Wettbewerb Warme Küche teilgenommen hat, nimmt am Nachmittag an dem Wettbewerb im Kochstudio teil.
Die Kandidaten für die einzelnen Arbeiten werden zu Beginn des Wettbewerbs der Warmen Küche ausgelost.
Im Kochstudio stehen jedem Kandidaten 30 Minuten Arbeitszeit zur Verfügung, plus 10 Minuten Saubermachen des Arbeitsplatzes.
In der Reihenfolge der Verlosung haben die Kandidaten dann am Nachmittag im Kochstudio anzutreten, was bedeutet, dass jeder Kandidat mit jeder Aufgabe vertraut sein muss.
Alle Materialien für dieses Programm werden von der Mannschaft auf eigene Kosten mitgebracht.
Das Kaninchen (zirka 1500 g) wird vom Veranstalter gestellt.

Die Aufgaben im Kochstudio lauten:

Auslösen eines Kaninchens (1500 g), Vorbereiten und Herstellen einer kalten Vorspeise aus dem ausgelösten Kaninchen für 2 Personen, als Tellergericht angerichtet.
Herstellen einer Kaninchenkraftbrühe (Consommé) mit Einlage nach eigener Wahl für 2 Personen und Herstellen einer Kaninchenfarce zur eigenen Verwendung oder/und zur Weiterverwendung für Teilnehmer C.
Erstellen eines Hauptgerichts von Kaninchen mit drei verschiedenen Gemüsen und einer Beilage aus Kartoffeln für 2 Personen.
Herstellen von 3 Desserttellern unter Verwendung von Joghurt, Birne, Pflaume und Preiselbeeren.

3. Bewertungskriterien

5.1. Mise en place

Übersichtliche Bereitstellung der Materialien und Arbeitsgeräte, saubere Arbeitsplätze, saubere Arbeitskleidung.

5.2. Fachgerechte Zubereitung

Die Demonstration soll durch fachlich einwandfreie Arbeitstechniken und Fertigkeiten zu zweckmäßiger, kulinarisch einwandfreier und bekömmlicher Zubereitung führen. Der Aufgabenstellung muss entsprochen werden. Beilagen und Zutaten müssen mit dem Hauptstück in Menge, Geschmack und Farbe harmonieren und sollen den Erkenntnissen der Ernährungslehre und der Wirtschaftlichkeit entsprechen. Das Portionsgericht soll der normalen, essbaren Größe eines Restauranttellergerichtes entsprechen. Rückstellprobe nach HACCP ist erforderlich.

5.3. Zeiteinteilung

Zeitgerichtete Arbeitseinteilung und pünktliche Fertigstellung.

5.4. Praxisgerechte Anrichteweise und Präsentation/Innovation

Hauptteil und Beilagen müssen im richtigen Verhältnis zueinander stehen. Es muss anschließend auf dem vom VKD zur Verfügung gestellten Anrichtegeschirr zweckmäßig, sauber, gefällig, dem anspruchsvollen Service im guten Restaurant entsprechend, angerichtet werden.

Bewertung warme Küche

Mise en place	10 Punkte
Ordnung, Sauberkeit	10 Punkte
Fachgerechte Zubereitung	30 Punkte
Praxisgerechte Anrichteweise	20 Punkte
Geschmack	20 Punkte
Zeiteinteilung	10 Punkte
	100 Punkte x 2
	200 Punkte

Bewertung Kochstudio

Ordnung und Sauberkeit	5 Punkte
Arbeitstechnik/Geschmack	10 Punkte
Zeiteinteilung	5 Punkte
Präsentation/Innovation	5 Punkte
	25 Punkte
25 Punkte x 4 Teilnehmer =	100 Punkte

Es werden keine halben Punkte vergeben.

Auszeichnungen für Jugendnationalmannschaften

Alle teilnehmenden Jugendnationalmannschaften erhalten Medaillen und Diplome entsprechend den erreichten Punkten, siehe nachstehende Erläuterung. Der Verband erhält entsprechend Medaille und Diplom.

Punktevergabe

0–149 Punkte	Diplom
150–189 Punkte	bronzenes Kleeblatt mit Diplom
190–229 Punkte	silbernes Kleeblatt mit Diplom
230–300 Punkte	goldenes Kleeblatt mit Diplom

Auszeichnung für Jugendnationalteams im Wettkampf um den Olympiasieger der Köche 2000 in Erfurt.

Das Jugendnationalteam, das die meisten Punkte erreicht hat, ist **Olympiasieger der Jugendnationalmannschaften IKA 2000.** Platz 2 erhält die Olympia-Silbermedaille, Platz 3 erhält die Olympia-Bronzemedaille.

Spezielle Ausstellungsanforderungen für regionale und individuelle Mannschaften

Die Mannschaften bestehen aus

1 Teamchef
2 Köchen
1 Patissier

KATEGORIE A: Kochkunst

– Showplatten „Fingerfood, Tapas und/oder Snacks"
  1. Platte = 5 verschiedene „Fingerfood, Tapas und/oder Snacks"-Sorten je 6 Einzelportionen, kalt gedacht, kalt präsentiert
  2. Platte = 5 verschiedene „Fingerfood, Tapas und/oder Snacks"-Sorten je 6 Einzelportionen, warm gedacht, kalt präsentiert
– 1 kalte festliche Platte für 8 Personen
– 6 verschiedene komplette Vorspeisen, einzeln angerichtet für 1 Person

Von den 6 verschiedenen Vorspeisen muss eine Vorspeise doppelt (2x) hergestellt sein und ist zur Degustation für die Jury bestimmt. Diese muss der Jury direkt übergeben werden.

In der Kategorie A muss zusätzlich zu den Schauplatten jeweils ein Teller für 1 Person angerichtet werden. Durch diese Demonstration – von der Schauplatte zum Teller – soll die Portion optisch wirksam dargestellt werden. Das Größen- bzw. Mengenverhältnis wird sichtbar.

KRITERIEN für die Bewertung der Kategorie A:

Präsentation/Innovation *0–20 Punkte*
Enthält appetitliche, geschmackvolle, elegante Darbietung, moderner Stil.

Zusammenstellung *0–20 Punkte*
In Farbe und Geschmack harmonierend, zweckmäßig, bekömmlich.

Korrekte fachliche Zubereitung *0–20 Punkte*
Richtige Grundzubereitungen, der heutigen modernen Kochkunst entsprechend.

Anrichteart/Servieren *0–20 Punkte*
Sauberes Anrichten, vorbildliche Anordnung, um ein zweckmäßiges Servieren zu ermöglichen.

Zahl der möglichen Punkte für die Wertung *80 Punkte*

Bei 3 Wertungen sind insgesamt 240 Punkte möglich.

Es werden keine halben Punkte vergeben.

KATEGORIE B: Kochkunst

– 1 vegetarische Platte ovolaktovegetabil (fleischfreie Ernährung, es dürfen Milcherzeugnisse und Ei verwendet werden) als Hauptgericht für 4 Personen, warm gedacht, kalt präsentiert
– 1 Menü für 1 Person bestehend aus 3 Gängen (Vorspeise, Hauptspeise, Süßspeise) warm gedacht, kalt präsentiert
– 4 verschiedene, einzeln angerichtete innovative Hauptgerichte/Tellergerichte, warm gedacht, kalt präsentiert

KRITERIEN für die Bewertung der Kategorie B:

Präsentation/Innovation *0–20 Punkte*
Enthält appetitliche, geschmackvolle, elegante Darbietung, moderner Stil.

Zusammenstellung *0–20 Punkte*
Eine ausgewogene Ernährung im richtigen Verhältnis von Vitaminen, Kohlenhydraten, Eiweiß, Fett und Ballaststoffen zueinander, in Farbe und Geschmack harmonierend, zweckmäßig, bekömmlich.

Korrekte fachliche Zubereitung *0–20 Punkte*
Richtige Grundzubereitungen, der heutigen modernen Kochkunst entsprechend.

Anrichteart/Servieren *0–20 Punkte*

Sauberes Anrichten, keine gekünstelten Garnituren, keine zeitraubende Anrichteweise, vorbildliche Anordnung, um ein zweckmäßiges Servieren zu ermöglichen.

Zahl der möglichen Punkte für die Wertung *80 Punkte*

Bei 3 Wertungen sind insgesamt 240 Punkte möglich.

Es werden keine halben Punkte vergeben.

KATEGORIE C: Patisserie/Feinbäckerei

- 3 verschiedene kleine Torten für je 6 bis 8 Personen, im Anschnitt gezeigt, freie Themenauswahl (Hochzeit, Geburtstag usw.)
- 1 Platte mit Teegebäck oder Pralinen oder Petits Fours oder Käsefours oder Friandises 5 verschiedene Sorten für 8 bis 10 Personen, mit Schaustück
- 4 verschiedene warm gedachte oder kalte Süßspeisen, für 1 Person einzeln angerichtet

Von den 4 verschiedenen Süßspeisen für 1 Person muss eine Süßspeise doppelt (2x) hergestellt sein, zur Degustation für die Jury. Diese Süßspeise muss der Jury direkt übergeben werden.

Alle ausgestellten Objekte müssen aus essbarem Material sein.

KRITERIEN für die Bewertung der Kategorie C:

Präsentation/Innovation *0–20 Punkte*

Enthält appetitliche, geschmackvolle, elegante Darbietung, moderner Stil.

Zusammenstellung *0–20 Punkte*

Geschmacklich und farblich harmonierend, zweckmäßig, bekömmlich.

Korrekte fachliche Zubereitung *0–20 Punkte*

Richtige Grundzubereitungen, der heutigen modernen Patisserie entsprechend.

Anrichteart/Servieren *0–20 Punkte*

Sauberes Anrichten, vorbildliche Anordnung, um ein zweckmäßiges Servieren zu ermöglichen.

Zahl der möglichen Punkte für die Wertung *80 Punkte*

Bei 3 Wertungen sind insgesamt 240 Punkte möglich.

Es werden keine halben Punkte vergeben.

Auszeichnungen für regionale und individuelle Mannschaften

Da sie als Mannschaft auftreten, werden alle Wertungen zusammengezogen. Der sich daraus ergebende Durchschnitt ist letztendlich das Gesamtergebnis der Mannschaft. Demnach erhält jedes Mannschaftsmitglied eine Urkunde und eine Medaille entsprechend dem Gesamtergebnis. Die Institution oder Regionalverband entsprechend Medaille und Diplom.

Punktetabelle für Medaillen der Kategorie in A, B oder C

720–648 Punkte	Goldmedaille mit Diplom
647–576 Punkte	Silbermedaille mit Diplom
575–504 Punkte	Bronzemedaille mit Diplom
503–180 Punkte	Diplom

Die Mannschaft, die die meisten Punkte erzielt, wird als IKA-Cup-Gewinner 2000 für regionale und individuelle Mannschaften ausgezeichnet.

A = 240
B = 240
C = 240

Mögliche Punkte 720 Punkte

IKA-Cup-Gewinner in Gold
IKA-Cup-Gewinner in Silber
IKA-Cup-Gewinner in Bronze

Teilnahmebedingungen für die Olympiade der Patissiers – Teamwettbewerb

Spezielle Ausstellungsbestimmungen für die „Olympiade der Patissiers"

1. Nur die nationalen Verbände, die dem Weltbund der Kochverbände (W.A.C.S.) angehören, können pro Nation ein Team am Wettbewerb teilnehmen lassen.

2. Teamzusammenstellung

- 2 Patissiers mit mindestens je 5 Jahren Berufserfahrung

3. Ausstellungsanforderungen für den Wettbewerb

Das Team erstellt folgendes Programm an 2 verschiedenen Tagen. Die Einteilung der Teams erfolgt durch die IKA-Organisation.

- **Teil 1: Präsentationstag**

  1 Schokoladenschaustück
  2 Torten
  1 Zuckerschaustück
  6 verschiedene Desserts
  6 x 8 verschiedene Petits Fours mit Schaustück

Tischfläche 2 m x 2 m insgesamt 4 qm
Stromanschluss landesüblich, 220/230 Volt

Die Tische haben eine weiße Oberflächenbespannung und bodenlange Skirtings in Weinrot. Es ist nicht gestattet, die Tische abzuändern oder eigene Tische mitzubringen.

- **Teil 2: Praktisches Arbeiten in der Schauküche**

1 x 2 Torten – 1 Torte ist für die Jury, und die andere Torte ist für den Fotografen. Diese Torte muss der gekennzeichneten Torte von Teil 1, genau der angegebenen Rezeptur und dem Aussehen entsprechen.

3 x 8 verschiedene Petits Fours – diese müssen sich von Teil 1 unterscheiden. Alle Petits Fours sind

genau zu rezeptieren (Mengenangabe und Arbeitsablauf).

6 gleiche Desserts, kalt (5 Desserts für die Juroren, 1 Dessert für den Fotografen). Diese Desserts müssen mit den gekennzeichneten Desserts von Teil 1 genau in abgegebener Rezeptur und Aussehen übereinstimmen.

6 gleiche Desserts, warm (5 Desserts für die Juroren, 1 Dessert für den Fotografen). Diese Desserts müssen mit den gekennzeichneten Desserts von Teil 1 genau in abgegebener Rezeptur und Aussehen übereinstimmen.

Teil 1: Präsentationstag

1 Schokoladenschaustück – mit mindestens 50 cm Höhe und einer Grundfläche von mindestens 0,2 qm
In diesem Schaustück sind die 2 Torten zu integrieren.

2 Torten – mit zwei grundverschiedenen Techniken, Aussehen und Dekors (nicht größer als Ø 22 cm und nicht kleiner als Ø 18 cm; erwünscht sind verschiedene Formen). Davon sollte eine Schokoladentorte und eine Fruchttorte gefertigt werden. Diese Torten sollen für Teil 1, wenn nötig, mit Gelatine oder Aspik behandelt sein, um sie den ganzen Tag ansehnlich zu halten. Beide Torten sind genau zu rezeptieren (Mengenangabe und Arbeitsablauf). 1 Torte ist für Teil 2 (praktisches Arbeiten) zu kennzeichnen.

1 Zuckerschaustück – mit mindestens 50 cm Höhe und einer Grundfläche von mindestens 0,2 qm. Das Schaustück darf nicht mehr als 50 % Gelatinezuckeranteil enthalten. Dieses Schaustück kann mit Hilfe einer Glas- oder Plastikvitrine vor Feuchtigkeit geschützt werden. Zusammen mit dem Zuckerschaustück sind die 6 Tellerdesserts zu präsentieren.

6 verschiedene Desserts – 3 Desserts warm gedacht, kalt präsentiert, und 3 Desserts kalt gedacht, kalt präsentiert. Diese Desserts sind auf Tellern zu präsentieren. Sie können mit Gelatine oder Aspik behandelt sein, um sie den ganzen Tag ansehnlich zu halten. Es müssen 2 Desserts für Teil II gekennzeichnet werden. Alle Desserts sind genau zu rezeptieren (Mengenangabe und Arbeitsablauf).

6 x 8 verschiedene Petits Fours – mit Schaustück. Das Schaustück kann aus Karamell oder Schokolade oder Gelatinezucker gefertigt sein. Die Grundfläche für das Schaustück sollte mindestens 0,2 qm groß sein. Alle Petits Fours sind genau zu rezeptieren (Mengenangabe und Arbeitsablauf).

KRITERIEN für die Bewertung, Teil 1

Schwierigkeitsgrad *0–10 Punkte*
Die Schwierigkeit der Herstellung wird gemessen an der persönlichen Kunstfertigkeit, den Zeitaufwand und dem ideellen Einsatz.

Materialbeherrschung/Ausführung *0–10 Punkte*
Wird gemessen an der fachgerechten Verarbeitung des Materials, der modernen Patisserie entsprechend.

Künstlerische Gestaltung/Kreativität *0–10 Punkte*
Der Gesamteindruck sollte nach den Grundsätzen der Ethik und Ästhetik Begeisterung hervorrufen.

Werbeeffekt/Verkaufsförderung/Neuigkeit *0–10 Punkte*
Hierbei kommt es darauf an, mit kulinarischem Material eigene Ideen in origineller Weise zu entwickeln und zu verwirklichen. Appetitliche, geschmackvolle elegante Präsentation. Die Neuartigkeit sollte spontan zu erkennen sein.

Zahl der möglichen Punkte
für die Wertung *40 Punkte*

Pro Ausstellungsobjekt 40 Punkte.

Insgesamt sind 200 Punkte möglich.

Es werden keine halben Punkte vergeben.

Teil 2: Praktisches Arbeiten in der Schauküche

1 x 2 Torten – 1 Torte ist für die Jury, und die andere Torte ist für den Fotografen. Diese Torte muss der gekennzeichneten Torte von Teil 1, genau der angegebenen Rezeptur und dem Aussehen entsprechen.

3 x 8 verschiedene Petits Fours – diese müssen sich von Teil 1 unterscheiden. Alle Petits Fours sind genau zu rezeptieren (Mengenangabe und Arbeitsablauf).

6 gleiche Desserts, kalt (5 Desserts für die Juroren, 1 Dessert für den Fotografen). Diese Desserts müssen mit den gekennzeichneten Desserts von Teil 1 genau in abgegebener Rezeptur und Aussehen übereinstimmen.

6 gleiche Desserts, warm (5 Desserts für die Juroren, 1 Dessert für den Fotografen). Diese Desserts müssen mit den gekennzeichneten Desserts von Teil 1 genau in abgegebener Rezeptur und Aussehen übereinstimmen.

Biskuit darf als fertiges Produkt mitgebracht werden; alle weiteren Produkte sowie Dekors müssen während der Arbeitszeit in der Schauküche gefertigt werden.

Bei einem Regelverstoß kann eine Disqualifikation erfolgen.

KRITERIEN für die Bewertung, Teil 2

Mise en place und Sauberkeit *0–20 Punkte*
Bereitstellung der Materialien. Zeitgerechte Arbeitseinteilung und pünktliche Fertigstellung. Saubere, ordentliche Arbeitsweise während des Wettbewerbs wird ebenso bewertet wie der Zustand nach dem Verlassen der Küche. Korrekte fachliche Zubereitung und Verarbeitung, richtige Grundzubereitung, der heutigen modernen Patisseriekunst entsprechend

Anrichteart und Präsentation/Innovation *0–30 Punkte*
Sauberes Arbeiten geschmackvolle Darbietung.

Geschmack *0–30 Punkte*
Der typische Eigengeschmack der Produkte muss erkennbar sein. Geschmacksvielfalt bei verschiedenen Tellern soll erreicht werden. Richtige Wahl der Geschmacksrichtung soll ebenfalls erreicht werden.

Dies bedeutet, dass für jede präsentierte Aufgabe bis zu 80 Punkte erzielt werden können.

Daraus ergibt sich 4 x 100 = 400 Punkte insgesamt.

Es werden keine halben Punkte vergeben

AUSZEICHNUNGEN
Olympiade der Patissiers 2000

Da sie als Mannschaft auftreten, werden alle Wertungen zusammengezogen. Der sich daraus ergebende Durchschnitt ist letztendlich das Gesamtergebnis der Mannschaft. Demnach erhält jedes Mannschaftsmitglied eine Urkunde und eine Medaille entsprechend dem Gesamtergebnis. Der Institution oder dem Regionalverband entsprechend Medaille und Diplom.

Punktetabelle für Medaillen der Teile 1 und 2

600–540 Punkte	Goldmedaille mit Diplom
539–480 Punkte	Silbermedaille mit Diplom
479–420 Punkte	Bronzemedaille mit Diplom
419–150 Punkte	Diplom

Die Mannschaft, die die meisten Punkte erzielt, wird als Gewinner der Olympiade der Patissiers 2000 ausgezeichnet.

Teilnahmebedingungen für Mannschaften der Militärkräfte „Truppenverpflegung"

Die Nationalmannschaften werden von den beteiligten Nationen benannt. Regionalmannschaften können sich eigenständig anmelden.

Mannschaftszusammenstellung

Die Mannschaft besteht aus einem Teamchef und fünf (5) Köchinnen/Köchen, davon ist einer Ersatzmitglied. In der Kategorie „R" darf das Ersatzmitglied nur Reinigungs- und Aufräumarbeiten sowie die Annonce übernehmen. In der Kategorie „B" ist er gleichberechtigtes Teammitglied. Weitere Militärmannschaften (Regionalmannschaften) absolvieren die Kategorie „B" und bei Bedarf „R", nehmen jedoch nicht an der Nationenwertung teil.

Kochen in der mobilen Küche

In der Küche der Streitkräfte müssen 2 x 75 Drei-Gänge-Menüs zubereitet werden.

Küchen-Kleingeräte werden vor Beginn durch die Mannschaft übernommen.

Für abhanden gekommene Kleingeräte haftet die jeweilige Mannschaft.

Nach Beendigung des Service erfolgt das Saubermachen in der Küche und Übergabe der Kleingeräte.

Passiertücher, Spritzbeutel, Messer usw. sind von den Teilnehmern selbst mitzubringen.

Die Küchen im Restaurant der Streitkräfte stehen ab 7.00 Uhr morgens zur Verfügung. Degustationen der Menüs werden während des Service gezogen und durch die Jury bewertet. Der Servicebeginn ist um 12.30 Uhr.

Während der Servicezeit wird die Qualität der Menüs durch die Jury kontrolliert.

Ein Küchenplan und eine Geräteliste werden den Teilnehmern nach der Anmeldung zugeleitet. Weitere größere Geräte dürfen nicht eingesetzt werden.

Waren und Rohstoffe

Für die Herstellung der verlangten Ausstellungsanforderungen sind von den Teams selbst zu besorgen. Für die Lebensmittel, die in der mobilen Küche der Streitkräfte benötigt werden, erstattet der VKD je Menü DM 5,–.

150 x DM 5,– = DM 750 bzw. ca. Euro 2,50,
150 x ca. Euro 2,50 = Euro 375,–.

Alle anderen Lebensmittel für die Menüschau gehen zu Lasten des Landes/Mannschaft. Waren und Rohstoffe sind in Erfurt in bester Qualität erhältlich. Eine Liste mit Spezialgeschäften liegt bei.

Jedes Menü in den Kategorien „B" und „R" darf den Naturalwert von DM 5,– bzw. ca. Euro 2,50 plus 7 % Mehrwertsteuer nicht übersteigen.

Ausstellungsanforderungen für den Wettbewerb

Die Militärteams erstellen folgendes Programm an 2 Tagen:

1 Tag Menüschau, warm gedacht
Kategorie B
kalt ausgestellt
7 Menüs Truppenverpflegung

Die Einzelteile der Menüs müssen für 500 Personen nachvollziehbar und für eine Truppenverpflegung – aller Dienstgradgruppen – geeignet sein.

1 Tag mobile Küche der Streitkräfte
Kategorie R
2 x 75 Drei-Gänge-Menüs

die durch den VKD aus den 7 Menüs (Kategorie B) ausgewählt werden. Diese beiden Menüs werden den teilnehmenden Nationen bis zum 31. 7. 2000 mitgeteilt.

Die Einteilung der Mannschaften erfolgt durch die IKA-Organisation des VKD.

KATEGORIE R: Restaurant der Streitkräfte

Hier werden die teilnehmenden Mannschaften Spezialitäten ihres Landes herstellen. Jede Mannschaft hat die folgende Aufgabe:

2 verschiedene Menüs, bestehend aus:
1 x 75 Suppe oder Vorspeise, Hauptgang, Dessert
1 x 75 Suppe oder Vorspeise, Hauptgang, Dessert

Die Menüs sollen wirklichkeitsnah der heutigen Truppenverpflegung entsprechen.

Im Restaurant der Streitkräfte wird von diesen Menüs jeweils 1 Portion als Schaustück für die Gäste in einer Vitrine präsentiert und sollte bereits am Vortag hergestellt und mit Aspik haltbar gemacht werden. Diese Menüs werden auch fotografisch für das IKA-Buch benötigt.

Mobile Küche der Streitkräfte

Erläuterungen, in welcher Form die Lebensmittel für das Restaurant der Streitkräfte mitgebracht werden dürfen:

Die Waren und Rohstoffe für das Restaurant der Streitkräfte dürfen nicht so weit vorgefertigt mitgebracht werden, dass die Jury dadurch keine Möglichkeit mehr hat, die Verarbeitung von Anfang an zu beobachten, damit es zu einer korrekten Bewertung kommt. Ansonsten wird die Jury dem Umfang entsprechend Punkte abziehen.

Durch die exakte Auflistung dessen, was erlaubt ist, vor allem aber auch durch die Reduzierung der Arbeit in der Küche insgesamt, wird ein höheres Niveau der Menüs erwartet. Dies wird einer Olympiade gerecht, auch gegenüber dem zahlenden Gast.

Erlaubt sind
Zum Wettbewerb Warme Küche dürfen bearbeitet bzw. vorbereitet werden

Gemüse/Pilze/
Obst/Salate geputzt, blanchiert, aber nicht zerkleinert oder tourniert
Kartoffeln, geschält, aber nicht zerkleinert oder tourniert
Zwiebeln, geschält, aber nicht zerkleinert
Grundteige
Grundfonds – geschmacksneutral
Grundrezepte dürfen bereits abgewogen sein

Bis 80 % fertig mitgebracht:
Fische, geschuppt oder filetiert, Meeresfrüchte
Fleisch, ausgelöst, pariert.
Bei den Süßspeisen sind vorgefertigter Biskuit, Hippen, Baumkuchen usw. erlaubt.
Dekor-Ornamente der Patisserie dürfen bis zu 80 % fertig mitgebracht werden.

Die restlichen 20 % müssen in der Wettbewerbsküche hergestellt werden, damit die Jury dies beurteilen kann.

Weitere Fragen werden Ihnen am 21. 10. 2000 vor Beginn der IKA bei einer Vorbesprechung durch den zuständigen Jury-Vorsitzenden des Wettbewerbs nochmals eingehend beantwortet.

KRITERIEN für die Bewertung der Kategorie R – Mobile Küche der Streitkräfte

Mise en place und Sauberkeit — *0–10 Punkte*
Bereitstellung der Materialien, um ein reibungsloses Arbeiten während des Service zu erreichen; zeitgerechte Arbeitseinteilung und pünktliche Fertigstellung; saubere, ordentliche Arbeitsweise während des Wettbewerbs.

Korrekte fachliche Zubereitung — *0–20 Punkte*
Richtige Grundzubereitung, der heutigen modernen Kochkunst und Ernährungslehre entsprechend.

Anrichteart/Innovation — *0–30 Punkte*
Sauberes Anrichten, keine gekünstelten Garnituren, keine zeitraubende Anrichteweise, vorbildliche Anordnung für ein appetitliches Aussehen.

Geschmack — *0–40 Punkte*
Der typische Eigengeschmack der Lebensmittel soll erhalten bleiben. Das Gericht soll den typischen Geschmack bei ausreichender Würzung aufweisen. Ebenso soll durch eine entsprechende Zusammenstellung der Lebensmittel ein besonderes Geschmackserlebnis hervorgerufen werden.

Zahl der möglichen Punkte für die Wertung — *100 Punkte*

Dies bedeutet, dass für jeden Menügang bis zu 100 Punkte erzielt werden können.
Daraus ergibt sich 6 x 100 = 600 Punkte insgesamt.

Es werden keine halben Punkte vergeben.

KATEGORIE B: Kochkunst
Insgesamt 7 Menüs
7 Menüs für je 1 Person (1 Woche) – Truppenverpflegung – bestehend aus Suppe oder Vorspeise, Hauptgericht und Dessert.

Die Menüteile sind auf weißem Porzellan ohne Farbdekor anzurichten. Das Ausstellungsgeschirr wird nicht vom VKD gestellt. Die Tischdekoration wird nicht bewertet.

Kartoffeln sowie entsprechende Gemüse sind zu tournieren.

KRITERIEN zur Bewertung der Kategorie B:

Präsentation/Innovation — *0–20 Punkte*
Enthält appetitliche, geschmackvolle, elegante Darbietung, moderner Stil.

Zusammenstellung — *0–20 Punkte*
Eine ausgewogene Ernährung im richtigen Verhältnis von Vitaminen, Kohlenhydraten, Eiweiß, Fett und Ballaststoffen zueinander, in Farbe und Geschmack harmonierend, zweckmäßig, bekömmlich.

Korrekte fachliche Zubereitung — *0–20 Punkte*
Richtige Grundzubereitung, der heutigen modernen Kochkunst entsprechend.

Anrichteart/Servieren — *0–20 Punkte*
Sauberes Anrichten, keine gekünstelten Garnituren, keine zeitraubende Anrichteweise, vorbildliche Anordnung, um optische Wirkung und ein zweckmäßiges Servieren zu ermöglichen.

Zahl der möglichen Punkte für eine Wertung — *80 Punkte*

Bei Wertungen sind insgesamt 560 Punkte möglich.

Es werden keine halben Punkte vergeben.

Punktetabelle für Medaillen Kategorie R – Mobile Küche der Streitkräfte bei 2 x 75 Menüs

540–600 Punkte	Goldmedaille mit Diplom
480–539 Punkte	Silbermedaille mit Diplom
420–479 Punkte	Bronzemedaille mit Diplom
120–419 Punkte	Diplom

Punktetabelle für Medaillen Kategorie B – Menüschau

510–560 Punkte	Goldmedaille mit Diplom
460–509 Punkte	Silbermedaille mit Diplom
410–459 Punkte	Bronzemedaille mit Diplom
110–409 Punkte	Diplom

Die Mannschaft mit der insgesamt höchsten Punktzahl wird Olympiasieger im Wettbewerb der Streitkräfte „Truppenverpflegung“ und erhält eine Goldmedaille mit Diplom Olympiasieger der Streitkräfte.

Teilnahmebedingungen, Anmeldungsunterlagen und Richtlinien für Mannschaften der Großverpflegung

Träger der Ausstellung

Der Verband der Köche Deutschlands e.V., im Folgenden kurz VKD genannt, ist ideeller Träger, wirtschaftlicher Träger ist die Messe Erfurt AG.
Spezielle Ausstellungsbestimmungen für Mannschaften der Gemeinschaftsverpflegung – GV:

1. Der Wettbewerb gliedert sich in 2 Teile,
einen schriftlichen Vorentscheid und einen praktischen Wettbewerb während der IKA 2000 in Erfurt.

2. Teamzusammenstellung
- 1 Teamchef/Teamchefin
- 1 Koch/Köchin
- 1 Hilfskraft wird gestellt

Die Küche im Restaurant der Gemeinschaftsverpflegung steht ab 7.00 Uhr morgens zur Verfügung.
Servicebeginn ab 11.30 Uhr bis 14.30 Uhr. Das Menü zur Degustation wird während des Service anonym gezogen. Die Reinigung muss bis 15.30 Uhr abgeschlossen sein.
Die Vorbereitungszeit am Vortag beträgt 3 Stunden.

KATEGORIE R

Restaurant der Gemeinschaftsverpflegung

Hier werden die teilnehmenden Mannschaften Spezialitäten ihrer Länder herstellen. Jede Mannschaft hat die folgende Aufgabe:

1 x 200 Menüs herzustellen, bestehend aus

Vorspeise/Suppe/Hauptgang/Nachtisch

Bitte 2 komplette Menüvorschläge einreichen mit einer Rezeptur in nachvollziehbarer Beschreibung. Materialanforderung für 200 Portionen, Mengenberechnung, Marktpreise, Nährwertberechnung. Wareneinsatz maximal DM 5,– (Euro 2,56) pro Person (Sachbezugswert).
Die Wareneinsatzpreise richten sich nach dem Liefergroßhandel oder SB-Märkten.
Bewerbungsunterlagen sind in Deutsch, Englisch und der Landessprache einzureichen.

WICHTIG:

Das vorgeschlagene Wettbewerbsmenü soll in der Praxis nachvollziehbar sein, das gilt insbesondere für die Präsentation/Innovation, Zusammenstellung, Garnitur und Anrichteweise.

BEWERTUNGSMERKMALE
für die schriftliche Ausarbeitung

Menüzusammenstellung/Innovation 0–20 Punkte

Rezeptur in nachvollziehbarer Beschreibung 0–20 Punkte

Materialanforderung/ Mengenberechnung, Marktpreise, Nährwertberechnung 0–10 Punkte

maximal können 0–50 Punkte
erreicht werden

Die Wertung der schriftlichen Bewertungsunterlagen erfolgt durch 3 Juroren mit internationaler Besetzung, die durch den Verband der Köche Deutschlands eingesetzt werden. Die Namen der Teilnehmer sind der Jury nicht bekannt. Das Urteil der Jury ist unanfechtbar.
Die schriftlichen Ausarbeitungen bleiben Eigentum des VKD. Um Fehlerquellen auszuschalten, können nur Bewerbungen und Ausarbeitungen berücksichtigt werden, die auf den offiziellen Bewertungsformularen maschinengeschrieben sind.

Restaurant der Gemeinschaftsverpflegung

KATEGORIE R

BEWERTUNGSKRITERIEN
für die Gemeinschaftsverpflegung

Mise en place und Sauberkeit 0–10 Punkte

Bereitstellung der Materialien, um ein reibungsloses Arbeiten während des Service zu erreichen. Zeitgerechte Arbeitseinteilung und pünktliche Fertigstellung. Saubere, ordentliche Arbeitsweise während des Wettbewerbs.

Korrekte fachliche Zubereitung 0–20 Punkte

Richtige Grundzubereitung, der heutigen modernen Kochkunst und Ernährungslehre entsprechend.

Anrichteart, Präsentation/Innovation 0–30 Punkte

Sauberes Anrichten, keine gekünstelten Garnituren, keine zeitraubende Anrichteweise, vorbildliche Anordnung für ein appetitliches Aussehen.

Geschmack 0–40 Punkte

Der typische Eigengeschmack der Lebensmittel soll erhalten bleiben. Das Gericht soll den typischen Geschmack bei ausreichender Würzung aufweisen. Ebenso soll durch eine entsprechende Zusammenstellung der Lebensmittel ein besonderes Geschmackserlebnis hervorgerufen werden.

insgesamt mögliche Punkte 0–100 Punkte

Dies bedeutet, dass für jeden Menügang bis zu 100 Punkte erzielt werden können.
Daraus ergibt sich 3 x 100 = 300 Punkte insgesamt.

Es werden keine halben Punkte vergeben.

Die Waren und Rohstoffe für das Restaurant der Gemeinschaftsverpflegung dürfen nicht so weit vorgefertigt mitgebracht werden, dass die Jury dadurch keine Möglichkeit mehr hat, die Verarbeitung von Anfang an so zu beobachten, dass es zu einer korrekten Bewertung kommt. Ansonsten wird die Jury dem Umfang entsprechend Punkte abziehen.

Erlaubt sind

Zum Wettbewerb Warme Küche dürfen bearbeitet beziehungsweise vorbereitet werden

Gemüse/Pilze/Obst: geputzt, blanchiert
Kartoffeln: geschält, zerkleinert
Zwiebeln: geschält, aber nicht zerkleinert

Grundteige können mitgebracht werden.
Mayonnaise als Fertigprodukt
Grundfonds oder Basisprodukte
Grundrezepte dürfen bereits abgewogen sein
Fische, geschuppt oder filetiert, sowie die Gräten zerkleinert
Fleisch, ausgelöst, pariert, Knochen zerkleinert
Bei den Süßspeisen ist vorgefertigter Biskuit erlaubt.
Dekor-Ornamente aus Schokolade und Ähnliches können fertig mitgebracht werden.

Weitere Fragen werden Ihnen durch den zuständigen Juryvorsitzenden des Wettbewerbs nochmals eingehend vor Ort beantwortet.

AUSZEICHNUNGEN FÜR KATEGORIE R:

GEMEINSCHAFTSVERPFLEGUNG

Alle teilnehmenden Gemeinschaftsverpflegungs-Teams erhalten Medaillen und Diplome entsprechend der erreichten Punkte, siehe nachstehende Erläuterung.

Punktevergabe für Kategorie R: Restaurant der Gemeinschaftsverpflegung

Für die Suppe/Vorspeise	0–100 Punkte
Für den Hauptgang	0–100 Punkte
Für das Dessert	0–100 Punkte

Es sind insgesamt bis 300 Punkte zu erzielen:
3 = 100

Punktetabelle für Medaillen Kategorie R: Restaurant der Gemeinschaftsverpflegung

100–90 Punkte	Goldemedaille mit Diplom
89–80 Punkte	Silbermedaille mit Diplom
79–70 Punkte	Bronzemedaille mit Diplom
69–25 Punkte	Diplom

Die Sponsoren der IKA 2000

Alsco Berufskleidung Service GmbH	Köln
Eins A Soft Gesellschaft – Computerkassen	Much
Bitburger Brauerei Th. Simon GmbH	Bitburg
Bremer Kaffeemaschinen GmbH	Bad Mergentheim
Dallmayr Kaffee	München
Deutsches Weininstitut	Mainz
Dr. Becher Chemische Erzeugnisse	Seelze
Dreizack Messer	Solingen
Duni GmbH	Bramsche
GV Partner Jomo Citty Ringel	Kiel
Held Tellertürme	Innsbruck
Hiestand Backwaren GmbH	Gerolzhofen
Knorr Caterplan	Heilbronn
Kristallglasfabrik Spiegelau	Spiegelau
Kronen GmbH Küchengeräte	Willstätt
Reinhold Krumme GmbH Kochgeschirr	Olpe
Nestlé Foodservice	Frankfurt/M.
Nordien System Spülorganisation	Stockholm
Palux AG Küchen	Bad Mergentheim
REWE-BLV Großverbraucherservice	Mainz
Rösle Metallwarenfabrik GmbH	Marktoberdorf
Villeroy & Boch Restaurant & Hotel Division	Luxemburg
Winterhalter Gastronom Spülmaschinen	Meckenbeuren

Special Exhibition Regulations for National Teams

Only national associations, which belong to the World Association of Cooks Societies (W.A.C.S.), are allowed to participate with one national team per nation in the competition.

Assembly of the Team

1 team chef
3 chefs
1 pâtissier
1 substitute

The team chef is allowed to assist in all sections. The substitute is allowed to do just the announcement in the warm kitchen.

CATEGORY A – Culinary Art

- show platters "finger food, tapas and/or snacks" – two parts

  1. platter = 5 different kinds of "finger food, tapas and/or snacks" à 6 separate portions prepared cold, displayed cold

  2. platter = 5 different kinds of "finger food, tapas and/or snacks" à 6 separate portions prepared hot, displayed cold

- a festive, cold display platter for 8 persons
- six different complete hors d'oeuvres, individually prepared for 1 person

One of the 6 different hors d'oeuvres has to be prepared twice (2 x) and is determined for the tasting by the jury.

In the category A has to be demonstrated additionally to the programme, on one plate for one person. So that an optional effect and the relative proportions will become clearly apparent.

CRITERIA for the Judgement of the Category A:

Presentation/Innovation — *0–20 points*
Comprises an appetising, tasteful, elegant presentation, modern style

Composition — *0–20 points*
Harmonising in colour and flavour, practical, digestible

Correct Professional Preparation — *0–20 points*
Correct basic preparations of food, corresponding to today's modern culinary art

Arrangement/Serving — *0–20 points*
Clean arrangement, exemplary plating, in order to make a practical serving possible

Number of Possible Points for the Judgement — *80 points*

In the case of 3 judgements 240 points are totally possible

Half points will not be given.

CATEGORIE B – Culinary Art

- 1 vegetarian platter ovo-lacto-vegetarian (without meat, milk products and eggs are allowed) as main-course for 4 persons, prepared hot, displayed cold
- 1 menu for one person, consisting of 3 courses (hors d'oeuvre, main-course, dessert), prepared hot, displayed cold
- 4 different, individually served innovative main-courses (plate), prepared hot, displayed cold

CRITERIA for the Judgement of Category B:

Presentation/Innovation — *0–20 points*
Comprises an appetising, tasteful, elegant presentation, modern style

Composition — *0–20 points*
Well-balanced food – in a correct proportion of vitamins, carbohydrates, proteins, fats, and roughages, harmonising in colour and flavour practical, digestible

Correct Professional Preparation — *0–20 points*
Correct basic preparation of food, corresponding to today's modern culinary art

Arrangement/Service — *0–20 points*
Clean arrangement, no artificial decorations, not time-consuming arrangements, exemplary plating, in order to make a practical serving possible

Number of possible points for the judgement — *80 points*

In the case of 3 judgements 240 points are totally possible

Half points will not be given.

CATEGORY C – Pâtisserie

- 6 similar desserts warm or cold served on plates. The desserts have to be prepared in a way that they can be served banquett usable for 200 persons.
- 1 platter with sweet biscuits or chocolates or petits fours or cheese fours or friandises, 5 different sorts for 8 persons with show piece suited to the theme
- 4 different exclusive desserts on plates with show piece suited to your self choosen theme.

For the tasting by the jury one of the 4 different desserts for 1 person has to be prepared twice (2 x) This dessert has to be given directly to the jury.

All exhibits have to be of edible materials.

CRITERIA for the Judgement of Category C:

Presentation/Innovation — *0–20 points*
Comprises an appetising, tasteful, elegant presentation, modern style

Composition *0–20 points*
Harmonising in colour and flavour, practical, digestible

Correct Professional Preparation *0–20 points*
Correct basic preparation of food, corresponding to today's modern pâtisserie

Arrangement / Serving *0–20 points*
Clean arrangement, exemplary plating, in order to make a practical serving possible

Number of Possible Points for the Judgement *80 points*

In the case of 3 judgements 240 points are totally possible

Half points will not be given.

CATEGORY R

Restaurant of Nations
The participating national teams will prepare specialities of their nations. Each national team has the following task:

110 menus consisting of:

110 x Hot appetisers (hors d'oeuvres) using fish or crustaceans or poultry with appropriate garnishes to be served on 28 cm (diameter) plates
110 x Main courses utilising either butchers' meat or game with appropriate garnishes to be served on 28 cm (diameter) plates
110 x Dessert served on 28 cm (diameter) plates

In the restaurant of nations one portion of this menu will be presented as showpiece in a display case for guests. Those menu items should be made a day in advance, preserved with aspic and will be also photographed for the IKA book.
Each team is required to present two complete and different menus, in both, German and English along with precise recipes and preparation details for 110 portions.

All ingredients must be provided by each team itself.

CATEGORY R

Restaurant of Nations
CRITERIA for the Judgement of Category R – Restaurant of Nations

Mise en place and Cleanliness *0–10 points*
Preparation of the materials to reach trouble-free working during serving. Just in time work-organisations and punctual completion. Clean, proper working methods during the competition will also be judged as the conditions after leaving the kitchen

Correct Professional Preparation *0–20 points*
Correct basic preparation of food, corresponding to today's modern culinary art and dietetics

Arrangement and Presentation/Innovation *0–30 points*
Clean arrangement, no artificial garnishes, no time-consuming arrangements, exemplary plating for an appetising appearance

Taste *0–40 points*
The typical taste of the food should be preserved. The dish should have the typical taste, when sufficient spice is added. At the same time a special taste-event should be caused by the corresponding composition of food.

That means per course you could receive 100 points.

3 x 100 = 300 points totally.

Half points will not be given.

Awards for the National Teams
All participating national teams will receive medals and certificates according to the reached number of points, note the following explanation. The association receives the corresponding medal and certificate.

Awards of Points for the Respective Categories A, B, or C

There are for the
1st judgement from 0–80 of the possible points
2nd judgement from 0–80 of the possible points
3rd judgement from 0–80 of the possible points
altogether up to 240 of the possible points

Pointstable for the Medals in the Category A, B, C

80–72 points	gold medal with certificate
71–64 points	silver medal with certificate
63–56 points	bronze medal with certificate
55–20 points	certificate

Awards of Points for the Category R: Restaurant of Nations

for the hors d'oeuvre	0–100 points
for the main-course	0–100 points
for the dessert	0–100 points

Altogether up to 300 points could be reached

Pointstable for the Medals in Category R: Restaurant of Nations

300–270 points	gold medal with certificate
269–240 points	silver medal with certificate
239–210 points	bronze medal with certificate
209–075 points	certificate

Awards for national teams in the competition around the Olympic Winner of the Chefs 2000 in Erfurt
That national team, which reaches the most points in the individual categories A, B, C, or R, will become the Olympic Winner in the respective category.

That national team, which reaches the most points in all categories A, B, C, R will become the „Winner of the Culinary Olympics IKA 2000"

Special Exhibition Regulations for National Youth Teams

1. Only national associations, which belong to the World Association of Cooks Societies, are able to participate with one National Youth Team per nation in the competition.

2. Team Assembly

The team will consist of 4 participants and 1 person, who is in charge of the team. One substitute could be announced.

The participants are trainees, commis de cuisine, pupils or students around the culinary profession.

The participants may not be older than 23 years (the qualifying date is 1 June 2000). They may not be born before the 1 June 1977.

The jury will carry out a passport or an identity card control.

The person, who is in charge of the team, is responsible for the team. He is allowed to do the announcement in the hot kitchen during serving time.

All teams are obliged to fulfil their tasks, even if breaches of the rules will be registered when controlling the passports.

I. Hot Kitchen

Preparation of 110 dishes with a maximum material-shopping-value of 5 DM (US-Dollar 2,50 – Stand 1999/02/28) per portion.
The VKD will provide a kitchen (please, note the list) will be taken over by the team before the beginning.
The portions have to be prepared completely in the competition kitchen. Please, note particularly the explanations concerning the form in which the food may be brought for the Youth Restaurant.
One portion will be presented as showpiece in a display case for guests. This dish is also photographically important for the IKA-book.
The 110 portions should be planned in that way that they could be prepared with the technical equipment of the kitchens.
The food-raw-materials have to be brought by the teams and will be reimbursed with DM 550.
Other hand tools and equipment have to be brought also.

Explanation in Which Form the Food for the Youth Restaurant May be Brought:

The goods and raw materials for the Youth Restaurant may not be brought prefabricated so far, that the jury has no possibility to observe the preparation from the very beginning in that way, that it comes to a correct judgement. Otherwise, the jury will deduct a corresponding number of points.

Allowed are:

The following items may be prefabricated or prepared for the hot food competition

Vegetables/mushrooms/fruits washed, but not cut up or shaped
Potatoes washed, but not cut up or shaped
Onions peeled, but not cut up

Basic meat juices
Basic recipes may already be weighed out.

The menu will be arranged on the dishes that will be provided by the VKD (with white plates Ø 28 cm)

II. Culinary Studio

Each team-member, who has participated in the hot kitchen competition in the morning, will participate in the competition in the culinary studio in the afternoon.
The candidates for the single works in the hot kitchen competition will be drawn at the beginning of the competition.
Each candidate will have 30 minutes time in the culinary studio, plus 10 minutes for the cleaning of the place of work.
In the afternoon the candidates have to compete in the culinary studio according to the order of the raffling, that means that each candidate has to be well acquainted with each task.
All materials for this programme will be brought by the team itself at the team's expense.
the rabbit (ca. 1,500 g) will be provided by the organiser.

THE TASKS IN THE CULINARY STUDIO ARE:

taking out of a rabbit (1,500 g), preparation and production of a could hors d'oeuvre out of a rabbit for 2 persons, arranged as dish.
Preparation of a clear soup with rabbit (Consommé) with noodles, vegetables, or anything of free choice added to the soup for 2 persons and preparation of a rabbit stuffing (farce) for the own use or/and for the further use for participant C.
Preparation of a main-course out of a rabbit with three different sorts of vegetables and one side-dish of potatoes for 2 persons.
Preparation of 3 dessert-plates under the use of yoghurt, pears, plums, and cranberries.

3. CRITERIA FOR THE JUDGEMENT

1. Mise en place

Clear provision of materials and equipment, clean places of work, clean working-clothes.

2. Correct Professional Preparation

The demonstration should lead to a practical, culinary perfect and digestible preparation by professionally perfect working-techniques and -skills. It should correspond to the type of task. The side-dishes and ingredients should harmonise with the main-piece in regard to the quantity, the taste, and the colour and should correspond to the knowledge of the dietetics and economicalness. The dish should correspond to the normal, edible size of a dish in a restaurant. Residual sample is required according to HACCP.

3. Planning of Time

suitable for time and punctual completion.

4. Practical Preparation and Presentation/Innovation

The main part and the side-dish should be in a correct proportion to each other. Afterwards it should be arranged on the dishes that will be provided by the VKD in a practical, clean, and pleasant manner corresponding to the ambitious service in a good restaurant.

JUDGEMENT IN THE HOT KITCHEN

Mise en place	10 points
Order and cleanliness	10 points
Correct professional preparation	30 points
Practical arrangement	20 points
taste	20 points
timesharing	10 points
	100 points x 2
	200 points

JUDGEMENT IN THE CULINARY STUDIO

order and cleanliness	5 points
working-techniques/taste	10 points
time-division	5 points
presentation/innovation	5 points
	25 points
25 points x 4 participants =	**100 points**

half points will not be given.

Incidentally, the regulations of the general guidelines of the IKA / Culinary Olympics 2000 are valid.

AWARDS FOR NATIONAL YOUTH TEAMS

All participating National Youth Teams receive medals and certificates corresponding to the reached number of points. Please, note the following explanation. The association will receive correspondingly a medal and a certificate.

Award of points

0–149 points	certificate
150–189 points	bronze cloverleaf with certificate
190–229 points	silver cloverleaf with certificate
230–300 points	gold cloverleaf with certificate

Awards for National Youth Teams in the competition around the Olympic Winner of the Chefs 2000 in Berlin

The National Youth Team which will reach the highest number of points will become **Olympic Winner of the National Youth Teams IKA 2000.** Place 2 receives the Olympic Silver Medal, Place 3 receives the Olympic Bronze Medal.

Special Exhibition Regulations for Regional and Individual Teams

The teams consists of

1 Teamchef
2 Chefs
1 Pâtissier

CATEGORY A: Culinary Art

- show platters "finger food, tapas and/or snacks"
  1. platter = 5 different kinds of "finger food, tapas and/or snacks" à 6 separate portions prepared cold, displayed cold
- 2. platter = 5 different kinds of "finger food, tapas and/or snacks" à 6 separate portions prepared hot, displayed cold
- a festive, cold display platter for 8 persons
- six different complete hors d' oeuvres, individually prepared for 1 person

One of the 6 different hors d'oeuvres has to be prepared twice (2 x) and is determined for the tasting by the jury.

In the category A has to be demonstrated additionally to the programme, on one plate for one person, from the festive platter to the plate, so that an optional effect and the relative proportions will become clearly apparent.

CRITERIA for the Judgement of the Category A:

Presentation/Innovation — *0–20 points*

Comprises an appetising, tasteful, elegant presentation, modern style

Composition — *0–20 points*

Harmonising in colour and flavour, practical, digestible

Correct Professional Preparation — *0–20 points*

Correct basic preparations of food, corresponding to today's modern culinary art

Arrangement/Serving — *0–20 points*

Clean arrangement, exemplary plating, in order to make a practical serving possible

Number of Possible Points for the Judgement — *80 points*

In the case of 3 judgements 240 points are totally possible

Half points will not be given.

CATEGORY B: Culinary Art

- 1 vegetarian platter ovo-lacto-vegetarian (without meat, milk products and eggs are allowed) as main-course for 4 persons, prepared hot, displayed cold
- 1 menu for one person, consisting of 3 courses (hors d'oeuvre, main-course, dessert), prepared hot, displayed cold
- 4 different, individually served innovative main-courses (plate) prepared hot, displayed cold

CRITERIA for the Judgement of Category B:

Presentation/Innovation — *0–20 points*

Comprises an appetising, tasteful, elegant presentation, modern style

Composition — *0–20 points*

Well-balanced food – in a correct proportion of vitamins, carbohydrates, proteins, fats, and roughages, harmonising in colour and flavour practical, digestible

Correct Professional Preparation *0–20 points*

Correct basic preparation of food, corresponding to today's modern culinary art

Arrangement/Service *0–20 points*

Clean arrangement, no artificial decorations, not time-consuming arrangements, exemplary plating, in order to make a practical serving possible

Number of Possible Points for the Judgement *80 points*

In the case of 3 judgements 240 points are totally possible

Half points will not be given.

CATEGORY C Pâtisserie/Confectionery

- 3 different little cakes (gateaux) for 6–8 persons, presented on-slice, free of choice of subject wedding, birthday, etc.)
- 1 platter with sweet biscuits or chocolates or petits fours or cheese fours or friandises, 5 different sorts for 8–10 persons with decoration piece
- 4 different desserts – prepared hot or cold for 1 person, individually served

On of the 4 different desserts for 1 person has to be prepared twice (2x) for the tasting by the jury.

The dessert has to be given directly to the jury.

All exhibits have to be of edible materials.

CRITERIA for the Judgement of Category C:

Presentation/Innovation *0–20 points*

Comprises an appetising, tasteful, elegant presentation, modern style

Composition *0–20 points*

Harmonising in colour and flavour, practical, digestible

Correct Professional Preparation *0–20 points*

Correct basic preparation of food, corresponding to today's modern patisserie

Arrangement/Serving *0–20 points*

Clean arrangement, exemplary plating, in order to make a practical serving possible

Number of Possible Points for the Judgement *80 points*

In the case of 3 judgements 240 points are totally possible.

Half points will not be given.

Awards for Regional/Individual Teams

As they will appear as team, all judgements will be added. The resulting average is at last the overall result of the team. According to that, each team member will receive a certificate and a medal corresponding to the overall result. The institution and the regional association receive the corresponding medal and certificate.

Pointstable for the Medals of Category A, B, and C

720–648 points	Gold medal with certificate
647–576 points	Silver medal with certificate
575–504 points	Bronze medal with certificate
503–180 points	certificate

The team, which will achieve the most points, will be awarded as IKA-Cup-Winner 2000 for regional and individual teams.

A = 240
B = 240
C = 240

Possible points 720

IKA-Cup-Winner in Gold
IKA-Cup-Winner in Silver
IKA-Cup-Winner in Bronze

Conditions of Participation for the Pastry Olympics – Team Competition

Special Exhibition Regulations for the „Pastry Olympics"

1. Only national associations, which belong to the World Association of Cooks Societies (WACS), are allowed to participate with one team per nation in the competition.

2. Assembly of the Team

– 2 pâtissiers with a minimum of 5 year professional experience

- **PART 1 Day of Presentation**
  1 chocolate showpiece
  2 gâteaux
  1 sugar showpiece
  6 different desserts
  6 x 8 different petits fours including one showpiece

Surface of the table 2 m x 2 m, altogether 4 m^2
Electricity mains customary, 220/230 Volt

The tables have a white covering and wine-red skirtings. It won't be allowed to alter the tables or to bring own ones.

- **PART 2 Practical Working in the Display Kitchen**

1 x 2 gâteaux – 1 gâteau respectively is for the jury and the other one for the photographer. This gâteau has to be identical to the gâteau of part 1, with identical ingredients and appearance.

3 x 8 different petits fours – these have to vary from the ones in part 1. Exact recipes of all petits fours are required (amounts of ingredients and work procedure).

6 identical desserts cold (5 desserts for the jury, 1 dessert for the photographer). These desserts have to be identical to the designated desserts of part 1, with identical ingredients and appearance.

6 identical desserts warm (5 desserts for the jury, 1 dessert for the photographer). These desserts have to be identical with the designated desserts of part 1 with identical ingredients and appearance.

PART 1: Day of Presentation

1 chocolate showpiece – at least 50 cm high with a base of at least 0.2 m^2.

2 gâteaux are to be integrated in this showpiece.

2 gâteaux – very differing techniques, appearance and decors (not larger than Ø 22 cm and not smaller than Ø 18 cm; various shapes are desired). From this, one chocolate gâteau and one fruit gâteau is to be made. These gâteaux for part 1 may be treated with gelatine or aspic, if necessary, in order to keep them fresh looking all day. Exact recipes for both gâteaux are required (amounts of ingredients and work procedure). One gâteau is to be labelled for part 2 (practical working).

1 sugar showpiece – at least 50 cm high with a base of at least 0.2 m^2. The showpiece may not exceed 50% of pastillage in contents. This showpiece may be protected from humidity with the aid of a glass or plastic display case. The 6 plated desserts are to be presented together with the sugar showpiece.

6 different desserts – three warm desserts, yet presented cold and three cold desserts, presented cold. These desserts are to be presented on plates. They may be treated with gelatine or aspic, in order to keep them fresh looking all day. Two desserts have to be labelled for part 2. Exact recipes for all desserts are required (amounts of ingredients and work procedure).

6 x 8 different petits fours – including a showpiece. The showpiece may be created from caramel, chocolate or pastillage. Its base should measure at least 0.2 m^2. Exact recipes of all petits fours are required (amounts of ingredients and work procedure).

CRITERIA for the Judgement Part 1:

Degree of Difficulty *0–10 points*

The difficulty in production is measured by: individual technical skill, amount of time needed and the conceptual input.

Command of the Material/Execution *0–10 points*

Is measured by the professional processing
Of the materials, corresponding
with modern pastry

Artistic Modelling/Creativity *0–10 points*

The total impression based on ethics and aestethics should be one of enthusiasm.

Advertising Effect/Sales Promotion/Novelty *0–10 points*

The concept here is to develop and realize own ideas by the use of culinary materials in an original way. An appetizing, tasteful, and elegant presentation. The novelty should be noticeable at once.

Number of Possible Points for the Judgement *40 points*

Per exhibit object, 40 points can be obtained.

200 points are totally possible.

Half points will not be given.

PART 2 Practical Working in the Show Kitchen

1 x two gâteaux – 1 gâteau for the jury and one for the photographer respectively. This gâteau has to be identical with the labelled one of part 1, identical in the listed ingredients and in appearance.

3 x 8 different petits fours – these have to differ from the ones in part 1. All petits fours have to have exact listings of ingredients (amounts and work procedure).

6 identical desserts cold (5 desserts for the jury, 1 dessert for the photographer). These desserts have to be identical to the labelled desserts of part 1 in listed ingredients and appearance.

6 identical desserts warm (5 desserts for the jurors, 1 dessert for the photographer). These desserts must be identical with labelled desserts of part 1 in listed ingredients and appearance.

Biscuit may be brought along as a ready-made product; all additional products as well as decors must be made during business hours in the show kitchen.

Offenders against the regulations may be disqualified.

CRITERIA for the Judgement Part 2

Mise en place and Cleanliness *0–20 points*

Provision of the materials. Timely work arrangement and punctual work completion. A clean, orderly working mode during the competition is also evaluated, same as the condition of the kitchen after leaving it.

Correct professional Preparation and Processing *0–20 points*

Proper base preparation, corresponding with today's modern pastry

Arrangement and Presentation/Innovation *0–30 points*

Clean working, tasteful presentation

Flavour *0–30 points*

The distinctive flavour of the products must be noticeable. A variety of flavours should be obtained at different plates. The right choice of flavour has to be accomplished.

This means that for each presented task a total of 80 points can be reached.

From this, an overall of 4 x 100 = 400 points in total.

Half points will not be given

AWARDS Pastry Olympics 2000

Since the people participate as teams, all evaluation-points are added together. The resulting average calculates the total points reached by the team. Thus, each team member will receive a certificate and a medal – depending on the institution or the regional association – according to the total points reached.

Pointstable for the Medals in Part 1 and Part 2

600–540 points	gold medal with certificate
539–480 points	silver medal with certificate
479–420 points	bronze medal with certificate
419–150 points	certificate

The team with the highest number of points will be the winner Pastry Olympics 2000

Special Exhibition Regulations for Military Teams

The teams will be appointed by the participating nations. Regional teams could register themselves by their own.

Assembly of the Team

The team consists of one team chef and five (5) chefs. One of them is substitute. In category "R" the substitute is only allowed to do the cleaning and clearing as well as the announcement. In category "B" the substitute is a full team member. Further military teams (regional teams) have to complete category "B" and when required category "R", however, they did not participate in the nations' scoring.

Cooking in the Mobile Kitchen

In the kitchen of the military teams 2 x 75 three-course-menus have to be prepared.

The kitchen-equipment has to be taken over by the team before the beginning.

The respective team is liable for lost kitchen-equipment.

After serving is finished, the cleaning of the kitchen and the handing over of the kitchen-equipment as well as the cashing up of the warm kitchen will follow.

Strain cloths, piping bags, knives, etc. have to be brought by the participants themselves.

The kitchens in the Restaurant of Military Teams will be available up from 7.00 a.m. in the morning. Tasting of the menus by the jury from 12.30 p.m., afterwards beginning of the service from 12.30 p.m., according to demand. The menus for the tasting of the jury will be chosen anonymous during the whole service.

During the serving the quality of the menus will be controlled by the jury.

A kitchen plan as well as a list of the kitchen equipment will be sent after registration. Further, bigger kitchen-equipment may not be used.

Please, keep ready for this during the judgement. The results of the judgement are final and incontestable.

With this participation in the exhibition, the exhibitor accepts the conditions which are mentioned there.

CATEGORY R Restaurant of Military Teams

In this category the participating teams will prepare specialities of their nations. Each team has the following task:

different menus consisting of

1 x 75 soup or hors-d'oeuvres, main-course, dessert
1 x 75 soup or hors-d'oeuvres, main-course, dessert

The menus should correspond realistically to the troops catering of today.
In the restaurant of military teams one portion of these menus will be presented as show-piece in display case for the guests. The portion of these menus should be prepared one day before and preserved with aspic. These menus are also photographically important for the IKA-book.

The goods and raw material have to be got by yourself. A list with specialist shops in Erfurt is enclosed.

Mobile Kitchen of the Military Teams

Eplanation in which form the food for the restaurant of the military teams may be brought:

The goods and raw materials for the restaurant of military teams may not be brought prefabricated so far, that the jury has no possibility to observe the preparation up from the very beginning in that way, that it comes to a correct judgement. Otherwise, the jury will deduct a corresponding number of points.

By the exact listing of things that are allowed, but particularly by the reduction of work in the kitchen on the whole, we expect a higher level of the menus. This will fulfil the expectations of the Olympics, but also the expectations of the paying guest.

Allowed are:

The following items may be prefabricated or prepared for the hot food competition:

Vegetables / mushrooms, washed, blanched, but not cut up / or shaped
Fruits / salad, washed, blanched, but not cut up / or shaped
Potatoes, peeled, but not cut up / or shaped
Onions, peeled, but not cut up

Basic doughs
basic meat juices – tasteless
basic recipes may already be weighed out

Up to 80% Ready-Prepared

fishes, scaled or filleted, as well as cut up fish-bones
meat, taken out, cut out, cut up bones
in case of desserts, prefabricated sponge is allowed
decorative ornaments could be brought up to 80% ready-prepared.
The remaining 20% have to be prepared on the spot/in the kitchen.

Further questions will be answered in detail once more on 2000-10-21 before the beginning of the IKA in a preliminary meeting by the responsible chairman of the competition's jury.

CRITERIA for the Judgement of Category R – Mobile Kitchen of Military Teams

Mise en Place and Cleanliness *0–10 points*

Preparation of the materials to reach trouble-free working during the serving. Just in time work-organisations and punctual completion. Clean, proper working methods during the competition.

Correct Professional Preparation *0–20 points*
Correct basic preparation of food, corresponding To today's modern culinary art and dietetics.

Arrangement / Innovation *0–30 points*
Clean arrangement, no artificial garnishes, no time-consuming arrangements, exemplary plating for an appetising appearance

Taste *0–40 points*
The typical taste of the food should be preserved; The dish should have the typical taste, when sufficient spice is added. At the same time special taste-event should be caused by the corresponding composition of food.

Number of Possible Points for the Judgement *100 points*

This means that up to 100 points could be reached for each course.
It follows from that, 6 x 100 = a total number of 600 points.

Half points will not be given.

CATEGORY B Culinary Art
7 menus altogether
7 menus consisting of an hors d'oeuvre, a main-course and a dessert for 1 person each (1 week).

The menu parts have to be placed on white china. The exhibition china will not be offered by the VKD. The decoration of the table will not be judged. Potatoes as well as corresponding vegetables have to be blanched.

CRITERIA for the Judgement of Category B
Presentation/Innovation *0–20 points*
Comprises an appetising, tasteful, elegant presentation, modern style

Composition *0–20 points*
Well-balanced food – in a correct proportion of vitamins, carbohydrates, proteins, fats, and roughages, harmonising in colour and flavour, practical, digestible

Correct Professional Preparation *0–20 points*
Correct basic preparation of food, corresponding to today's modern culinary art

Arrangement/Serving *0–20 points*
Clean arrangement, no artificial decorations, not time-consuming arrangements, exemplary plating, in order to make an optical effect and a practical serving possible

Number of Possible Points for the Judgement *80 points*

560 points are totally possible.

Half points will not be given.

Awards for the Military Teams "Troops Catering"
All participating teams will receive medals and certificates according to the reached number of points; note the following explanation.

Pointstable for the Category R – Mobile Kitchen of Military Teams

600–540 points	gold medal with certificate
539–480 points	silver medal with certificate
479–420 points	bronze medal with certificate
419–120 points	certificate

Pointstable for the Medals in the Category B

560–510 points	gold medal with certificate
509–460 points	silver medal with certificate
459–410 points	bronze medal with certificate
409–110 points	certificate

The team which will reach the highest number of points on the whole, will become 1st winner in the competition of the military teams "Troops Catering".

The team which will reach the highest number of points on the whole, will become 2nd winner in the competition of the military teams "Troops Catering".

The team which will reach the highest number of points on the whole, will become 3rd winner in the competition of the military teams "Troops Catering".

Aufgaben der internationalen Jury

An die Juroren aus aller Welt wurden während der IKA/Olympiade der Köche 2000 außerordentlich hohe Ansprüche gestellt.

Neuerungen im Programm wie Fingerfood und vegetarische Menüs sind in diesem Buch mit seinem hervorragenden Bildmaterial Zeitzeugen für den hohen Level dieser Olympiade der Köche.

Den Mode-Trend „Kochkunst ...", das heißt die immer mehr fortschreitende Verschmelzung der verschiedenen kulinarischen Kulturen aus allen 5 Erdteilen zu neuen optischen und geschmacklichen Erlebnissen, richtig einzuordnen und mittels Punkten gerecht zu bewerten, war harte Arbeit. Dies erfordert neben sehr viel Fachkenntnis und Einfühlungsvermögen in andere Kulturkreise eine langjährige Erfahrung als Juror.

Das neue VKD-Reglement, nahezu identisch mit dem W.A.C.S.-Culinary-Comittee, war Richtschnur für die Juroren.

In einem Kurzseminar wurde diese genau erläutert, damit eine entsprechende Anwendung gewährleistet war. Dazu einige Beispiele. Wie muss der Juror prüfen?

Der Juror muss sich bei der Beurteilung des Objekts in die Vorstellung des Verfertigers hineindenken. Was will dieser mit seiner Arbeit zeigen? Anderen Kulturkreisen gerecht werden? Dafür muss man sich die notwendige Zeit nehmen und die entsprechende Konzentration.

Sind es realistische Arbeiten, praxisgerecht und nachvollziehbar? Moderne Kochkunst, oder ist es reine Show ohne kulinarischen Sinn?

Was muss der Juror prüfen?

Sind die Anforderungen erfüllt, sind Anzahl und Menge komplett? Degustationen durchführen.

Wie werden Punkte vergeben? Wie kommt man bei der Bewertung auf eine möglichst gerechte Punktzahl? Es wird zunächst von 80 bzw. 100 Punkten ausgegangen. Große oder kleine Fehler werden dann entsprechend Punkt um Punkt abgezogen. Was bleibt, ergibt letztendlich die Wertung. Die Wertung muss in der Gruppe offen gelegt werden, und der Juror muss seine Wertung begründen können.

Wenn die Jury ihre Arbeit beendet hat, stellt sie sich auf Wunsch von interessierten Verfertigern für ein Fachgespräch zur Verfügung. Hierbei wird das Positive bzw. Negative der gezeigten Objekte angesprochen, um somit dem Verfertiger die Möglichkeit zu geben, seine Kenntnisse zu erweitern.

Mein Dank gilt den Kollegen aus aller Welt, die durch ihre hervorragende Arbeit zum Gelingen dieser großartigen Olympiade der Köche beigetragen haben.

Gerhard Bauer
Präsident der internationalen Jury

The Task of the International Jury

A great deal was expected of the jurors from all over the world during the International Culinary Arts Show, the Olympiad of Cooks, in the year 2000.

Innovations in the program, such as finger food and vegetarian menus, stand as signs of the times in this book. Its superb pictures demonstrate the high level which was achieved by these culinary "Olympic Games".

One difficult task was that of finding correct classifications and assigning points fairly to the exhibitions of "Culinary Art". These exhibitions brought together different culinary cultures from all 5 continents of the world, resulting in new optical and taste experiences. Judging them required not only a great deal of professional expertise and an intuitional grasp of other culture groups but also many years of experience as a juror.

The new rule book of the Association of German Cooks, which is now nearly identical with that of the Culinary Committee of the World Association of Cooks Societies, served as a guideline for the jurors. The rules were precisely explained to the jurors in a brief seminar in order to ensure their proper application.

Here are some examples of the questions which were treated:

On what basis must a juror evaluate?

In evaluating an object, the juror must be able to see through the eyes of the creator and grasp what the latter was trying to achieve. The juror must also recognise the merits of other culture groups than his own. This requires that he take the necessary time and have the corresponding ability to concentrate his attention.

Are the works realistic in character? Are they practical and reproducible? Do they represent modern culinary art, or are they merely outward appearance without culinary meaning?

What must the juror look for?

Are the requirements fulfilled? Are the amounts and numbers complete?

Tasting must be carried out too.

How are points awarded? How does the juror arrive at the fairest possible number of points in his evaluation? First he starts from 80 to 100 points. Major or minor errors then lead to a loss of one point after another. The remaining number of points is the final score. This score must be made known in the group of jurors, and the juror must be able to justify his total.

After the jury has finished its work it makes itself available to interested creators, if desired, for a technical discussion of both the positive and negative aspects of the objects displayed. This gives each creator an opportunity to widen his knowledge.

My thanks go out to my colleagues from all over the world whose superb work contributed so greatly to the success of this splendid Culinary Olympics.

Gerhard Bauer
President of the International Jury

Les missions du jury international

Les exigences auxquelles ont été soumis les membres du jury du monde entier de l'Olympiade des cuisiniers de l'IKA* 2000 étaient particulièrement élevées.

Les nouveautés au programme, tels les amuse-gueule et les menus végétariens, représentées par les superbes illustrations du présent ouvrage, constituent des témoins du haut niveau de cette Olympiade des cuisiniers.

Ce ne fut pas une tâche aisée de classer comme il se doit et d'évaluer à sa juste valeur par l'attribution de points la tendance gastronomique à la mode, qui mêle toujours plus intimement les diverses cultures culinaires des cinq continents pour de nouvelles créations autant visuelles que savoureuses.

Cela requiert en effet, outre de nombreuses connaissances techniques et une importante capacité d'identification à d'autres cultures, une grande expérience en tant que juré.

Le nouveau règlement du VKD**, quasiment identique à celui du W.A.C.S.*** a servi de fil conducteur aux membres du jury.

Ils a été en outre expliqué en détail au cours d'un rapide séminaire afin de garantir son emploi à bon escient. Ci-dessous quelques exemples expliquant comment un juré doit évaluer.

Pour son évaluation de l'objet, le juré doit se projeter dans la représentation de celui qui l'a confectionné. Qu'a-t-il voulu montrer avec ce travail ? Il doit rendre justice avec impartialité à d'autres cultures, ce qui implique de prendre tout le temps et la concentration nécessaires.

Le travail est-il réaliste, pratique et réalisable, s'agit-il de gastronomie moderne ou seulement d'une exhibition dénuée de tout sens culinaire ?

Que doit examiner le juré ?

Vérifier si les exigences requises sont remplies, si le nombre et la quantité sont exacts. Procéder à des dégustations.

Comment sont attribués les points ? Comment parvenir au nombre de points le plus équitable possible lors de l'évaluation ? On part d'un total de 80 ou 100 points dont sont déduits des nombres de points correspondants aux erreurs plus ou moins importantes. Ce qui reste donne la note finale. Cette note doit être communiquée au groupe et le juré responsable doit pouvoir la justifier.

Lorsqu'il a achevé son travail, le jury se place à la disposition des candidats qui le souhaitent pour une discussion technique. Les aspects positifs ou, le cas échéant, négatifs de l'objet exposé y sont évoqués afin de permettre au candidat d'élargir ses connaissances.

J'exprime mes remerciements aux collègues du monde entier qui ont contribué par leur travail remarquable à la réussite de cette exceptionnelle Olympiade des cuisiniers.

Gerhard Bauer
Président du jury international

* *I.K.A. = Internationale Kochkunstausstellung ou Exposition gastronomique internationale*
** *V.K.D. = Verband der Köche Deutschlands ou Groupement des cuisiniers allemands*
*** *W.A.C.S. = World Association of Cook's Societies*

Poland

Israel

Luxembourg

ITALY

Greece

Australia

Japan

Singapore

Egypt

SCHAUORCHESTER

Nestlé

Die Jurys der IKA

The Juries of the IKA

Les jurys de l'IKA

Präsidium der Jurys

Von links nach rechts:

Präsident
des internationalen Preisgerichts
Gerhard Bauer
Oberjuror des nationalen Preisgerichts
Axel Rühmann

Jury Nationalmannschaften Kategorie A

Von links nach rechts:

Franz Jonke (Schweiz)
Matthias Schantin (Deutschland)
Wynand Vogel (Niederlande)
Kurt Weid (Schweden) – vorne

Jury Nationalmannschaften Kategorie B

Von links nach rechts,
von hinten nach vorne:

Hartmut Handke (USA)
Bernhard Wegner (Deutschland)
Aloyse Jacoby (Luxemburg)
Georges Knecht (Schweiz)
Brendan O´Neill (Irland)

Jury Nationalmannschaften Kategorie C

Von links nach rechts:

Gottfried Schuetzenberger (Singapur)
Gilles Renusson (USA)
Camille Schumacher (Luxemburg)
Kurt Schindler (Deutschland)
Regina Wanzenried (Schweiz) – vorne

Jury Nationalmannschaften Kategorie Restaurant

Von links nach rechts:

Harald Osa (Norwegen)
Fred Zimmermann (Kanada)
Gerhard Dammert (Deutschland)
Otto Weibel (Singapur)
Kemmoku Seiji (Japan)

Jury Gemeinschaftsverpflegung

Von links nach rechts,
von hinten nach vorne:

Alois Gasser (Österreich)
Erik Hustede (Deutschland)
Peter Mahler (Deutschland)
Hartmut Woessner (Deutschland)
Jürgen Köpke (Deutschland)
Karl Ruppert (Österreich)

Jury Regionalmannschaften Kategorie A

Von links nach rechts:

Stephen Rick (Australien)
Giorgio Nardelli (Italien)
Helmut Stadelbauer (Österreich)
Klaus Böhler (Deutschland) – vorne

Jury Regionalmannschaften Kategorie B

Von links nach rechts:

Istvan Lukacz (Ungarn)
Erhard Gall (Schweiz)
Cornelia Volino (Kanada)
Horst Kucharicky (Deutschland)

Jury Regionalmannschaften Kategorie C

Von links nach rechts:

Hans Hertel (Deutschland)
Brendan Hill (Australien)
Ewald Notter (USA)
Fritz Mayer (Singapur)

Jury Einzelaussteller

Von links nach rechts,
von hinten nach vorne:

Werner Paulik (Deutschland)
Hannes Hösli (Schweiz)
Detlef Niendorf (Deutschland)
Wolfgang Markloff (Deutschland)
Norbert Girnth (Deutschland)
Franz Xaver Bürkle (Deutschland)

Jury Jugendmannschaften

Von links nach rechts,
von hinten nach vorne:

Ernst Faßnacht (Deutschland)
Sven-Ake Larsson (Schweden)
Torstein Line (Norwegen)
Horst Wetterau (Deutschland)
Ctefan Wohlfeil (Deutschland)
Roland Schaeffer (USA)
Klaus Huber (Deutschland)
Mathias Köhler (Deutschland)
Martin Lercher (Italien)

Jury Pâtissiers

Von links nach rechts,
von hinten nach vorne:

Kristen Kristensson (Dänemark)
Hubert Oberhollenzer (Italien)
Roni Fredy Mordechai (Israel)
Karl Schumacher (Österreich)
Reinhold Metz (Deutschland)
Robert Oppeneder (Deutschland)

Jury Militärmannschaften B

Von links nach rechts,
von hinten nach vorne:

Jan van de Ven (Niederlande)
Peter Bartel (Deutschland)
Bernd Mauersberger (Deutschland)
Carlos Ameye (Belgien)
Marie-Christine Lechevalier (Frankreich)
Ralf Schröder (Deutschland)

Jury Militärmannschaften R

Von links nach rechts,
von hinten nach vorne:

Manfred Ronge (Österreich)
Geoffrey Acott (England)
Reimer Nielsen (Deutschland)
Ilan Roberg (Israel)
Andreas Lein (Deutschland)

Betreuer der internationalen Restaurants

Von links nach rechts, von hinten nach vorne:

Mario Engbers
Joachim Steudtner
Dieter Teichmann
Inge Steller
Henning Steller
Elfi Müller
Ralph Kerkamm
Wolf-Henning Kaiser
Helmut Hilse
Wolfgang Stein
Gerd Baake
Horst-Günther Kloß (Leiter)

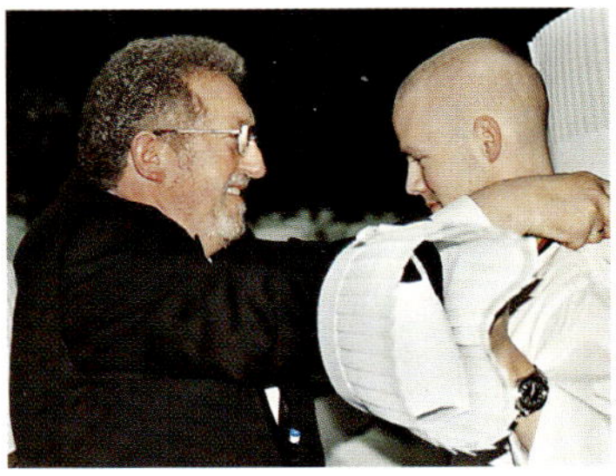

Scotland

Nestlé
FoodServices

Nestlé
FoodServices

25 Nationalteams mit ihren Menüs

25 National Teams and their Menus

25 équipes nationales et leurs menus

Von links nach rechts, von hinten nach vorne:

Mohamed Sobh Sobh
Maged Mohsen Abu Bakr
Hany Hamed Badr Hamed
Walid Abdul el Waffa Abdel Rahman
Abdel Rahman Ali Shahine (Teamchef)
Hossam Eldin Mohamed

Falafel – Bohnenpastete, gefüllt mit Makawara-Käse, Salsa und Joghurt-Kurkuma-Dressing

Rokak – Blätterteigblätter, gefüllt mit Entenfleisch in Pinienkernen, Mais und Artischocke, Okraschoten, in Orange mariniert, Entenjus

Lahane el Delta – Anis-Quark-Mousse mit Malvengelee, Haselnuss-Mohn-Pudding, Malvensauce

Falafel – fried and crushed white broadbean patty, filled with Makawara cheese, spice salsa and yoghurt-turmeric sauce

Rokak – filo layers filled with nutmeg flavored sauteed duck cubes, pine and corn kernels and artichoke, served with duck jus and ladyfingers marinated with grated orange

Lahane el delta – with cheese and anis mousse with karkade jelly, served with hazelnut and poppy seed pudding, karkade sauce

Falafel – paté de fèves blanches frites et concassées, farcis au fromage Makawara, salsa assaisonnée et sauce au yaourt et au curcuma

Rokak – filo farci à la viande de canard et aux pignons, maïs et artichauts; gombos marinés à l'orange, bouillon de canard

Lahane-el-delta – mousse d'anis et de fromage blanc à la gelée de mauve, pouding aux noix et au pavot, sauce à la mauve

Von links nach rechts, von hinten nach vorne:

Pascal Kainzbauer
Doris Vögeli
Eli Wengenmaier
Adrian Bader
Armin Fuchs (Teamchef)
Valère Braun

Sautiertes Zanderfilet mit Gewürzen, gratinierte Fischflanschnitte, Lauchgemüse mit Reis, Kamberkrebssauce

Trilogie vom Lamm, Malzbiersauce, Aargauer Marktgemüse, Nudelteigrolle mit Polenta und Kürbis

Safran-Halbgefrorenes, Kompott und Gelee von Rotweinzwetschgen, Mandelgebäck, Zimtsauce

Poached pike-perch fillet with spices, gratinated slice of fish, leek with rice, crayfish sauce

Trilogy of lamb, maltbeer sauce, Aargau market vegetables, noudle paste with polenta and pumpkin

Saffron parfait, compote and jelly of red wine plums, almond pastry, cinnamon sauce

Filet de sandre sauté aux épices, tranches de flan de poisson gratiné, légumes de poireaux au riz, sauce aux écrevisses

Trilogie d'agneau, sauce à la bière de malt, légumes du marché d'Argovie, rouleau de pâte à nouilles à la polenta et à la citrouille

Parfait glacé au safran, compote et gelée de quetsches au vin rouge, pâtisserie aux amandes, sauce à la cannelle

Von links nach rechts, von hinten nach vorne:

Rudolf Müller
Eric Ong
Eric Teo (Teamchef)
Anderson Ho
Poh Lo Chai
Jason Ong

Gebratene Langustine und Kabeljau, grünes Püree, Jakobsmuschel- und Hummerkrabbenklößchen auf geschmolzenen Tomaten, Krustentierschaumsauce

Im Ofen gebratene Ente mit Steinpilzsauce, Entenbratwurst, weißes Rüben-Kartoffel-Püree mit Wintergemüse

Gratiniertes Passionsfrucht- und Mangogratin auf Mandelplätzchen, Schokoladeneis, Orangen und Blutorangen mit Grand-Marnier-Sauce

Pan fried langoustine and slow roasted cod fish on green puree, scallop and prawn dumpling on a bed of tomato concassé served with shell fish emulsion

Oven roasted duck breast, duck leg confit, pan fried sausage on mashed parsnips, potatoes with winter vegetables

Passion fruit and mango gratin set on almond cookie, creamy chocolate ice cream, glazed navel and blood orange on Grand Marnier sauce

Langoustine et cabillaud frits, purée verte, quenelle aux coquilles Saint-Jacques et homard au crabe sur tomates concassées, sauce à la mousse de crustacés

Canard rôti au four et sauce aux cèpes, saucisse grillée de canard purée de navets et de pommes de terre aux légumes d'hiver

Mousse de mangue gratinée sur petits gâtaux aux amandes, glace au chocolat, oranges et oranges sanguines à la sauce Grand Marnier

Deutschland

Von links nach rechts, von hinten nach vorne:

Marko Rankel
Detlef Dörsam
Georg Henke
Arnold Möseler
Wolfgang Rieger
Walter Gauss (Teamchef)

Arrangement aus Fluss und Meer: Geräuchertes Forellenfilet mit Krebsschere im Ingwercrêpe, kräutergebeiztes Lachsfilet im Felchenmantel, Krebsnase mit Hecht-Trüffel-Füllung

Auswahl von der Heidschnucke: Rücken unter der Zitronen-Thymian-Kruste, geschmorte Brust mit Zunge, Bries mit Steckrübenmedaillon, Bohnenallerlei, Kartoffel-Steinpilz-Roulade

Herbstliche Dessertkreation

Arrangement by the river and the ocean: Smoked fillet brook trout with grayfish clay in gingercrêpe, herb marinated fillet of salmon in fera coat, grayfish nose stuffed with pike mousse

Selection of lamb named heidschnucke: Saddle with lemon thyme crest braised brisket with tongue, sweetbread and medallion of yellow root, medley of beans, roulade of potato and cep

Creation of autumn dessert

Composition des fleuves et des mers: Filet de truite fumée et pinces de homard en crêpe au gingembre, filet de saumon mariné aux herbes dans son manteau de fenouil, museau d'écrevisse et farce au brochet et aux truffes

Sélection d'agneau des landes: Carré en croûte au citron et au thym poitrine braisée à la langue, ris au médaillon de rutabaga, mélange de haricots, roulade de pommes de terre et de cèpes

Création de dessert d'automne

Von links nach rechts, von hinten nach vorne:

Jozef Klubnik
Vladimír Mikuš
Márian Kellner
Byrtus Libor
Joszefina Šebáková
Marian Mináric (Teamchef)

Das Tatranest – Gefülltes salziges Teigkörbchen, mit Käse überbacken

Hirschrücken aus den Karpaten mit Preßburger Knödeln, Gemüse, Sauerkirschensauce

Slowakisches Paradies – Gefüllte Früchtekugel mit weißer Schokoladen-Glasur, Pfirsichsauce

Tatranest – Filled salted pancake gratinated with cheese

Saadle of deer "Carpathian Mountains" served with "Pressburg" dumplings, vegetables, sauce of morellos

Paradise of Slovakia – Filled fruitball with white chocolate glazing, garnished with fine peaches sauce

Petites corbeilles de pâte salée farcies des Tatras gratinées au fromage

Selle de cerf des Carpates et boulettes de Presbourg, légumes, sauce aux griottes

Paradis slovaque – boule aux fruits farcie glacée au chocolat blanc, sauce aux pêches

Von links nach rechts, von hinten nach vorne:

Konrad Purgaj
Benjamin Blasko
Franco Breclej
Robert Sinkovec
Slavko Adamlje (Teamchef)
Branko Casar

Rauchforellenschaum auf Dillcremesauce

Kalbsfilet mit Gänseleber

Gibanza nach Premurje-Art, Apfelpüree

Mousse of smoked trout

Tender loin veal with goose liver

Gibanza "Premurje" style with apple puree

Mousse de truite fumée sur sauce à la crème de fenouil

Filet de veau au foie d'oie

Gibanza à la manière de Premurje, purée de pommes

Von links nach rechts, von hinten nach vorne:

David Higgs
Chris Van Wyk (Teamchef)
Wade Van der Merwe
Andre Kropp
Garth Stroebel
Garth Shnier

Gebratene Krebsschwänze und Lachsmedaillon, Taramá-Salsa

Geschmorte Hirschschulter, würzig gebratene Springbocklende

Aprikosenparfait, Kardamom-Schnee-Eier, Beerenkompott, Brandypudding

Oven roasted crayfish tails and salmon medallion on taramá salsa

Braised shoulder of venison, spicy roasted loin of springbok

Apricot parfait, cardamom snow eggs, berry compote, brandy-pudding

Queues d'écrevisses grillées et médaillon de saumon, farandole de taramà

Échine de cerf braisée, rôti d'antilope springbok aux épices

Parfait aux abricots, œufs à la neige à la cardamome, compote de fruits rouges, pouding au brandy

Tschechien

Miroslav Husák
Martin Slezák
Radek David
Katerina Beranová
San Miehálek
Dušan Jakubec (Teamchef)

Perlhuhnbrust im Pilzmantel mit Pfifferlingen und Limabohnen, Risotto mit Waldpilzen

Damwildrücken mit Macadamianüssen und Pistazien, glacierter Entenbrust-Apfel-Spieß, Gänselebersauce, Blattsellerie-Apfel-Kerbelwurzel-Confit, Wurzelsellerie und Kartoffelpüree, Batata-Chips

Nougatschaum auf Sauerkirschsorbet, Coulis aus wilden Kirschen, Zimtessenz

Breast of guinea fowl with mushrooms coat, chicken jelly with chanterelles and beans, risotto with mushrooms

Roasted saddle of deer with macadamia and pistachio crust, glaced spit of duck breast with apple, goose liver sauce, confit from celery, apples and chervil roots, celery and mashed potatoes, batata chips

Nougat mousse on sour cherry sorbet, puree of wild cherries and cinnamon essence

Blanc de pintade dans son manteau de champignons aux girolles et haricots de Lima, risotto aux champignons sylvestres

Selle de daim aux noix de macadamia et aux pistaches, brochette de blanc de canard et de pommes glacée, sauce au foie d'oie, confit de céleri-branche, de pommes et de racines de cerfeuil, céleri rave et purée de pommes de terre, chips de patates douces

Mousse de nougat sur sorbet de griottes, coulis de cerises sauvages, essence de cannelle

Von links nach rechts, von hinten nach vorne:

Ferenc Krauszpek
Istvan Hegedüs
Zsolt Major
Csaba Horvath
Judit Reisweber
Istvan Galos (Teamchef)
Zsuzsa Zombori Kiss

Hechtklöße in grünem Kartoffelteig mit Estragon-Esterházy-Ragout, gegrillte Zanderstreifen

Englischer Rehrücken, Perlhuhnbrust mit Schafkäse, Gänselebersauce, geröstetes Gemüse, Preiselbeer-Buchweizen-Torte

Sauerkirschstrudel mit in Rotwein gedünsteter Williamsbirne, Vanillesauce

Pike dumplings in green potato dough with estragon Esterházy ragout, grilled strips of pike perch

Saddle of venison, breast of guinea fowl with sheep's cheese, goose liver sauce, roasted vegetables, cranberries buckwheat tart

Strudel with morellos and Williams pear in red wine custard sauce

Quenelles de brochet en pâte verte de pommes de terre au ragoût d'estragon Esterházy, lamelles de sandre grillées

Selle de chevreuil anglaise, blanc de pintade au fromage de brebis, sauce au foie d'oie, légumes sautés, tarte aux airelles et au sarrasin

Chausson aux griottes et poire William marinée dans le vin rouge sauce à la vanille

Vereinigte Staaten von Amerika

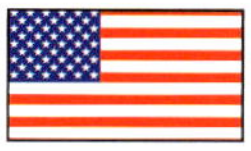

Von links nach rechts, von hinten nach vorne:

Alfonse Contrisciani
Derin Moore
Dan Scannell
Darrin Aoyama
G. Edward Leonard (Teamchef)
Charles Caroll

Nantucket-Seemuscheln mit Hummerfarce, Trüffeln und weißem Schmormais

Doppelt gekochter Ochsenschwanz, mit Meerrettich überkrustetes Filet vom Angusrind, rote Kaufmanns-Weinsauce, gelbe Bete, Kürbis-Kartoffel-Gratin

Gefüllter Schokoladenkuchen mit Mango und Erdbeeren, gebackene Früchtetasche

Harvest Nantucket sea scallops with lobster farce, truffles and a white corn stew

Twice cooked oxtail with horseradish, crusted tender loin of angus beef, red merchant wine sauce, golden beets and their greens, marrow and potato gratin

Chocolate truffled cake with mango and strawberries, baked fruit turnover

Moules Nantucket farcies au homard, truffes et maïs blanc braisé

Queue de bœuf double cuisson et filet de bœuf en croûte au raifort, sauce au vin épicière, betteraves jaunes, gratin de citrouille et de pommes de terre

Gâteau au chocolat fourré à la mangue et à la fraise chausson de fruits au four

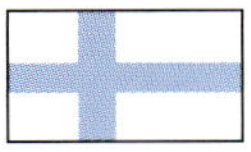

Von links nach rechts, von hinten nach vorne:

Kai Kallio
Jarmo Laitinen
Harri Savolainen
Kimmo Nikko
Pekka Terava (Teamchef)
Marko Laine

Gebratener Felchen, gedünsteter Hummerschwanz und St.-Jakobs-Muscheln

Pochiertes Kalbsfilet mit Tomaten-Emmentaler-Kruste, gebratenes Ragout, Hollandaise, Gemüse der Saison und Gemüsepüree

Käsebavarois, Apfel-Calvados-Eiscreme, Mandeltorte mit Beeren

Panfried whitefish, steamed tail of lobster and crabcake with scallop sauce

Poached fillet of veal Emmental crusted, potato, dill sauce, panfried epigram, Hollandaise sauce, season vegetables and vegetable puree

Bavarois of cheese, apple-calvados-ice cream and almond cake with berries

Fenouil grillé, queue de homard et coquilles Saint-Jacques à l'étuvée

Filet de veau poché en croûte aux tomates et à l'emmental; ragoût de rôti, hollandaise, légumes de saison et purée de légumes

Bavarois au fromage, crème glacée aux pommes et au calvados, gâteau aux amandes et aux fruits rouges

Niederlande

Von links nach rechts, von hinten nach vorne:

Ronnie Merks
Bert Van Manen
Peter Bakker
Harry Moerenburg
Sjaah Jobse
Martin Hoppers (Teamchef)
Leendert Klaasses

Seezungenfilet mit Gemüse, Gefüllter Räucheraal, Sauerampfersauce

Bonbon vom Perlhuhn, gebratene Entenbrust mit Trüffel-Gänseleber-Farce

Schokoladenmousse mit Zimtlikör, Schmorbirnen

Fillet of sole with vegetables, stuffed smoked eel, sorrel sauce

Bonbon of guinea fowl, fried breast of duck with truffle goose liver mousse

Chocolate mousse with cinnamon liqueur, braised pears

Filet de sole aux légumes, anguille fumée farcie, sauce à l'oseille

Bonbon de pintade, blanc d'oie rôti et farce de foie d'oie aux truffes

Mousse au chocolat et liqueur de cannelle, poires à l'étuvée

Von links nach rechts, von hinten nach vorne:

Peter Brady
Gavin McDonagh
Gerard Costello
Clive Wallace
Derek Dunne
John Kelly (Teamchef)

Überbackenes vom Hummer, Koriander-Hummer-Tortellini, Erbsenmus und Hummeressenz

Spanferkel mit süß-saurem Kohl, Whiskeysauce, Wintergemüse, Kartoffel-Senf-Püree

Schokoladen-Pekannuss-Tarte mit Schokoladeneis, Zitrusfruchtmarmelade

Gratinated lobster, coriander and lobster tortellini with a pea stew and lobster essence

Assiette of sucking pig with sweet and sour cabbage, winter vegetables, mashed potatoes with mustard and whiskey sauce

Chocolate pecan tart with chocolate ice cream and citrus marmalade

Gratin de homard, tortellini de homard à la coriandre, mousse de petits pois et essence de homard

Cochon de lait et chou à l'aigre-douce, sauce au whisky, légumes d'hiver, purée de pommes de terre à la moutarde

Gâteau à la noix de pékan et au chocolat, glace au chocolat, marmelade d'agrumes

Von links nach rechts, von hinten nach vorne:

Karl Viggo Vigfusson
Bjarni Gunnar Kristinsson
Einar Geirsson
Ragnar Omarsson
Gunniaugur Örn Vaisson
Alfred Omar Alfredsson
Fridrik Sigurdsson (Teamchef)
Ulfar Finnbjörnsson

Kalt geräucherter Lachs, kross gebratener Kabeljau, Türmchen von Hummerschwanz, Süßwurzglasur

Gefülltes Lammfilet mit geschmorter Lammhaxe, Fünf-Gewürze-Sauce, Shiitake-Terrine, Trüffelkartoffel

Schokoladentimbale mit Mangofüllung, marinierte, flambierte Mango, Zimtöl-Mango-Sauce

Cold smoked salmon, crisp fried cod served with a lobster tail turret and liquorice root glace

Stuffed fillet of lamb with braised lamb shanks served with shiitake mushroom terrine, truffle potato and five-spice sauce

Chocolat timbale with mango filling, flambeed mango, cinnamon oil and mango sauce

Saumon fumé à froid, cabillaud grillé, petites tours de queue de homard, laçage aux épices douces

Filet d'agneau farci au pied d'agneau braisé, sauce aux cinq épices terrine de champignons shii-take, pommes de terre truffées

Timbale au chocolat farcie à la mangue, mangue marinée et flambée, sauce à l'huile de cannelle et à la mangue

Von links nach rechts, von hinten nach vorne:

Reuven Harel
Youval Attias
Michakl Aharon (Teamchef)
Yoel Ben-Shabat
Shimmon Bitton
Moti Buchbut
Nathan Ben-Shitrite

Fischtrio in Filo-Teig, Spargel-Linsen-Püree mit Pesto- und Safransauce

Entenbrust, gefüllt mit Hühnermousse, Austernpilze und Gänseleber in Weinbeerensauce, Bouquet von gegrilltem Gemüse und Zucchini, Kartoffel „Jerusalem"

Vulkanteig in Schokolade, Beeren-Granatäpfel-Sauce, Mandelgebäck

Trio of fish wrapped in filo pastry, asparagus and lentil puree in pesto and saffron sauce

Breast of duck filled with a mousse of chicken, oyster mushrooms and goose liver in a wine berry sauce served with a bouquet of grilled vegetables and zucchini, potato Jerusalem

Vulcan pastry in chocolate, berries in pomegranate sauce, decorated with almon pastry

Trio de poissons en pâte filo, purée d'asperges et de lentilles au pistou et à la sauce au safran

Blanc de canard farci à la mousse de poulet, pleurotes et foie d'oie en sauce au vin et aux fruits rouges, bouquet de légumes grillés et de courgettes, pomme de terre «Jérusalem»

Volcan de pâte au chocolat, sauce aux fruits rouges et aux grenades, feuilleté aux amandes

Von links nach rechts, von hinten nach vorne:

Mattheo Galena
Corrado De Virgilio
Antonio De Rosa
Felice Chiaparino
Raffaele De Guiseppe
Domenico Maggi (Teamchef)

Perlhuhnbrust, gefüllt mit roten Krebsschwänzen und Trüffeln, Törtchen von Bucatini und Gemüsen an Weißwein- und Krustentiersauce

Schweinefilet, gefüllt mit geräuchertem Scamorzakäse, und Tomaten in Kruste von Brotteig mit Steinpilzen, Lammröllchen mit roten Zwiebeln auf Bett von Kartoffeln mit Cardoncelli-Pilzen, Spinat mit Pinienkernen und Rosinen, Peperoniflan

Lauwarmes Kürbis-Quark-Törtchen mit Mousse von Basilikum und Zitrone, Koriandersauce

Breast of guinea fowl stuffed with red cray fish and truffels, tartlet of bucatini and vegetables with white wine sauce and sauce of crayfish

Fillet of pork stuffed with smoked scamorza cheese and tomatoes in breadcrust with boletus, lamb olives stuffed with red onions on bed of potatoes and cardoncelli mushrooms, sauteed raw spinach leaves with sultanas and pine seeds

Tepid tartlet of pumpkin and cottage cheese with mousse of basil and lemon, coriander sauce

Blanc de pintade farci aux queues d'écrevisses rouges et aux truffes, tartelettes de bucatini et légumes en sauce au vin blanc et aux crustacés

Filet de porc farci au fromage scamorza fumé et tomates en croûte de pâte à pain aux cèpes, petits rouleaux d'agneau aux oignons rouges sur un lit de pommes de terre aux champignons cardoncelli, épinards aux pignons et aux raisins secs, flan au piment

Tartelettes tiède à la citrouille et au fromage blanc et mousse au basilic et au citron, sauce à la coriandre

Von links nach rechts, von hinten nach vorne:

Yoshitsugu Misaki
Toshiharo Nakayama
Keiji Takayama
Sadanori Maekawa
Akinori Furuya
Tsuyoshi Takahashi (Teamchef)
Wataru Okido
Hisatoshi Utsunomiya
Takahashi Sakuma

Dreifach frische Meeresfrüchte aus der japanischen Tiefsee

Gebratene Ente, Sauce nach japanischer Tradition, rote Bohnen und grüner Tee Castella

Kastanien- und Bohnenkonfitüre, Gelee mit Schneechips

Triple fresh seafood from deep sea of Japan

Roast duck sauce Japanese tradition, red beans and green tea castella

Marron and bean jam jelly with snow chips

Fruits de mer trois fois frais des grands fonds japonais

Canard grillé, sauce selon la tradition japonaise, haricots rouges et castella au thé vert

Confiture de châtaignes et de haricots, gelée aux chips de neige

Von links nach rechts, von hinten nach vorne:

Glen O´Flaherty
Dave Ryan
Yoshi Chubachi
Bob Matthews
Restituto Mendoza
Simon Smotkowicz (Teamchef)
Clayton Folkers

Kandiertes Filet vom arktischen Saibling, Meeresfrüchte auf Wirsing

Rotwildlende im Wildreismantel, gebratener Wildtruthahn, Gemüse der Saison, Kartoffelfass

Geeistes Erdbeerparfait und knuspriger Karamellflan

Candied Arctic char fillet, seafood garnish on savoy cabbage

Loin of red deer in a wild rice mantle, roasted wild turkey, savory potato barrel and seasonal vegetables

Strawberry iced parfait and crunchy caramel flan

Filet confit d'omble de l'Arctique, fruits de mer sur chou de Milan

Canard fauve dans son manteau de riz sauvage, dinde sauvage rôtie, légumes de saison, tonneau de pommes de terre

Parfait glacé aux fraises et flan croustillant au caramel

Von links nach rechts, von hinten nach vorne:

Odd Ivar Solvold
Tom Viktor Gausdal
Charles Tjessem
Espen Larsen
Jorn Lie (Teamchef)
Terje Ness

Kamtschatka-Krabbe, gebackener Blumenkohl in Kombination mit warmem Tomatengelee

Kalbsfilet mit Steinpilzen und Kalbshaxe, Spinattimbale, Kartoffelrolle

Weiße Schokolade und Limonen-Chiboust, Ananassorbet und Früchte

Kamchatka crab and cauliflower in combination with warm tomato jelly

Fillet of veal with ceps and with veal shank, timbale of spinach, potato roll

White chocolate and lime chiboust with pineapple and fruits

Crabe du Kamtchatka, chou-fleur au four en combinaison avec gelée chaude de tomates

Filet de veau aux cèpes et au pied de veau, timbale aux épinards, rouleau de pommes de terre

Chiboust au chocolat blanc et au citron, sorbet à l'ananas et fruits

Österreich

Von links nach rechts, von hinten nach vorne:

Martin Gerstbauer
Andreas Tucek
Gerhard Fuchs
Thomas Milkovits
Claudia Notdurfter
Walter Mayer (Teamchef)
Eric Nataniel

Saiblingsfilet, im Räucherfond pochiert, auf Zuckererbsen-Kartoffelpüree

Das Beste vom Kaninchen und Lamm auf Berglinsengemüse, Pilzglace mit Kürbis-Kerbel-Teigtascherl

Geeiste Wiener-Kaffeehaus-Schokoladen-Symphonie

Char fillet poached in smoked stock, sugar pea mashed potatoes

The best of rabbit and lamb on mountain lentils with mushroom glace and pumpkin chervil pasta bags

Chilled Vienna coffee house chocolate symphony

Filet d'omble en fond fumé poché sur purée de pois mange-tout et de pommes de terre

Sélection de lapin et d'agneau sur légumes aux lentilles de montagne et glace aux champignons, petite poche de pâte à la citrouille et au cerfeuil

Symphonie de chocolat glacé café viennois

Von links nach rechts, von hinten nach vorne:

Carlos Valente
Paulo Morais
Jeronimo Ferreira
Fausto Airoldi (Teamchef)
Paulo Pinto
Antonio Boia

Dicke Bohnen und geräucherte Paprikawurst, Carabineiros in ihrer Jus, Pennroyal-Öl

Gebratenes Karree vom Spanferkel, gefüllt mit Koriander-Venusmuscheln, Wirsingroulade, Salzkartoffeln

Warmer Honiggewürzkuchen mit Ziegenkäseeis, Orangenessenz

Broad beans and smoked paprika sausages, sauteed carabineiros in its jus, pennroyal oil

Roasted carré of suckling pig filled with coriander clams, boiled potatoes and Savoy cabbage roulade

Warm honey and spice cake with goat-cheese ice cream and orange essence

Gros haricots et saucisse fumée au paprika, crevettes rouges géantes dans leur jus, pennroyal à l'huile

Carré de cochon de lait rôti et farci aux praires à la coriandre, roulade de chou de Milan, pommes de terre nature

Gâteau chaud au miel et aux épices et glace au fromage de chèvre, essence d'orange

Von links nach rechts, von hinten nach vorne:

Stefan Bercea
Eugen Bar
Stefan Paraschiv
Maria Petruse
Constantin Ungureanu (Teamchef)
Florica Ionita

Lachs-Zander-Medaillon, bunter Gemüsesalat mit Apfel-Honig-Dressing, Kaviarsahne, Sauce „Manciuria"

Entenbrust von Siebenbürgen, gefüllt mit Dörrpflaumen, Rotweinsauce „Murfatlar"

Moldawische Süßspeisen „Cotnari-Art"

Medallion of salmon and pike perch, vegetable salad with apple honey vinegar, caviar cream, sauce "Manciuria"

Transylvanian breast of duck filled with prunes, red wine sauce Murfatlar

Moldavic dessert "Cotnari"

Médaillon de saumon et de sandre, salade de légumes colorée assaisonnée aux pommes et au miel, crème au caviar, sauce «Manciuria»

Blanc de canard de Transylvanie farci aux pruneaux sauce au vin rouge «Murfatlar»

Entremets moldaves «à la Cotnari»

Von links nach rechts, von hinten nach vorne:

Andrej Makhov
Evgueni Skobelev
Evgueni Malutin
Natalia Konorova
Tamara Sharova (Teamchef)
Igor Voevodkin

Stör und Seekrone
mit roter Kaviarsauce

Pozharskaya Rissole

Erdbeerdessert
mit weißer Schokolade

Sturgeon and sea crown hot appetizer with red caviar sauce

Pozharskaya rissole

Strawberry dessert with white chocolate

Esturgeon et couronne marine à la sauce de caviar rouge

Rissole Pozharskaya

Dessert aux fraises et au chocolat blanc

Von links nach rechts, von hinten nach vorne:

Tony Jackson (Teamchef)
Bruce R. Sangster
David Auchie
William Curley
Scott Lyall
William Pike

Warme Roulade aus Räucherlachs und Seezunge, serviert mit einem Ragout aus Schalentieren und Spargel

Geschmorte Haxe und Lammlende, Wildpilze, Apfel-Sultaninen-Relish, gefüllte Fondantkartoffeln, Gemüsegarnitur

Konfekt aus Milchschokolade und karamellisierten Birnen, Milchschokoladenmousse, Zimtbirnen in Blätterteig, Zitrus-Joghurt-Eiscreme

Warm roulade of smoked salmon and sole served with a ragout of shellfish and asparagus

Braised shin and mousseline wrapped loin of lamb served with wild mushrooms, filled fondant potatoes, apple and sultana relish and vegetable garnish

Sweets of milk chocolate and pears, milk chocolate mousse, warm filo parcel of cinnamon scented pears and a citrus yoghurt ice cream

Roulade chaude de saumon fumé et de sole, servie d'un ragoût de coquillages aux asperges

Pied d'agneau braisé et filet d'agneau, champignons sauvages, condiment aux pommes et aux raisins de Smyrne, fondant de pommes de terre farci, garniture de légumes

Confiseries au chocolat au lait et poires caramélisées, mousse au chocolat au lait, poires cannelle en pâte feuilletée, crème glacée yaourt aux agrumes

Von links nach rechts, von hinten nach vorne:

Mathias Pilblad
Gert Klötzke (Teamchef)
Magnus Johansson
Hendrik Hakansson
Krister Dahl
Benny Cederberg

Geräucherter gefüllter Lachs, Lachskaviar, Mousseline von Jakobsmuscheln auf Artischockenpüree, Erbsenschaum, Safran-Orangen-Sauce

Gebratenes Kalbsfilet mit Knoblauch, Rotweinsauce, Kräuter- und Käse-Vinaigrette, Kalbszungenwurst, Kalbsbries-Pilz-Kartoffel-Terrine, Karotten in Zitrus mit grünen Bohnen, Rotweinsauce Kräuter- und Käsedip

Zitronenfrischkäse-Mousse mit Champagnersorbet auf Schokoladentrüffel, frische Himbeeren, Aprikosensauce

Smoked and stuffed salmon, salmon caviar, mousseline of scallops on artichoke puree, mousseline of pears, saffron-orange sauce

Roasted tender loin of veal with garlic veal sauce with tongue terrine of sweetbread, mushrooms, and potatoes, carrots in lemon juice, green beans, red wine sauce and cheese relish

Mousse of lemon cottage cheese a sorbet of pears and champagne, chocolate truffles, fresh raspberries, apricot sauce

Saumon fumé farci, caviar de saumon, mousseline de coquilles Saint-Jacques sur purée d'artichauts, mousse de petits pois, sauce au safran et à l'orange

Filet de veau rôti à l'ail, sauce au vin rouge, vinaigrette aux herbes et au fromage, saucisse de langue de veau, terrine de ris de veau aux champignons et aux pommes de terre, carottes au citron et haricots verts, sauce au vin rouge, dip aux herbes et au fromage

Mousse de fromage frais citronné, sorbet au champagne sur truffes au chocolat, framboises fraîches, sauce aux abricots

Nestlé
FoodServices

Nestlé
FoodServices

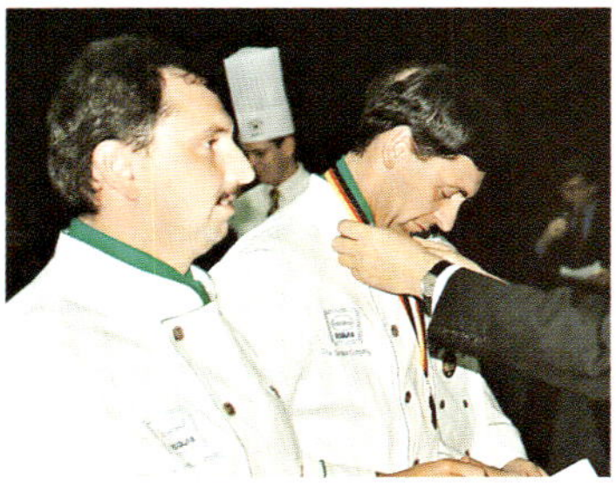

Nestlé
FoodServices

Sweden

Medaillen- und Bewertungsspiegel der Nationalmannschaften

Land	*Kategorie A*	*Kategorie B*	*Kategorie C*	*Kategorie R*	*Gesamtpunktzahl*
Schweden	Gold (73)	Gold (73,06)	Gold (76,58)	Gold (270,93)	493,57
Singapur	Silber (67,87)	Silber (67,53)	Gold (77,66)	Gold (276,4)	489,46
Norwegen	Gold (73,33)	Gold (72,79)	Gold (72)	Gold (271,2)	489,32
Kanada	Gold (74,93)	Gold (74,32)	Silber (66,74)	Gold (272,8)	488,79
Schweiz	Gold (73,2)	Gold (72,19)	Silber (70,66)	Gold (270)	486,05
USA	Gold (72,6)	Gold (75,39)	Gold (75,24)	Silber (243,6)	466,83
Deutschland	Gold (72,46)	Silber (69,79)	Gold (74,91)	Silber (243)	460,16
Schottland	Gold (72,13)	Silber (69,19)	Silber (70,46)	Silber (240)	451,78
Italien	Silber (69,26)	Silber (69,38)	Bronze (56,9)	Silber (250,6)	446,14
Finnland	Bronze (62,06)	Bronze (60,91)	Bronze (59,66)	Silber (249,2)	431,83
Niederlande	Gold (72,06)	Silber (67,99)	Bronze (61,24)	Bronze (227,4)	428,69
Japan	Silber (66,6)	Silber (64,4)	Bronze (56)	Silber (241,1)	428,10

Land	*Kategorie A*	*Kategorie B*	*Kategorie C*	*Kategorie R*	*Gesamtpunktzahl*
Island	Diplom (53)	Bronze (61,19)	Bronze (58,32)	Silber (246,6)	419,11
Südafrika	Bronze (57,4)	Silber (69,53)	Diplom (50,6)	Silber (240,6)	418,13
Portugal	Silber (64,19)	Silber (64,73)	Bronze (56,9)	Bronze (220,6)	406,42
Tschechien	Bronze (59,73)	Silber (65,27)	Bronze (56,99)	Bronze (216,8)	398,79
Österreich	Bronze (58,26)	Bronze (60,93)	Bronze (57,08)	Bronze (215,6)	391,87
Irland	Diplom (52,4)	Bronze (58)	Bronze (56,66)	Bronze (223,6)	390,66
Ägypten	Bronze (62,2)	Silber (67,66)	Bronze (58,24)	Diplom (194,6)	382,70
Ungarn	Silber (64,26)	Silber (65,39)	Diplom (53,99)	Diplom (189,6)	373,24
Israel	Silber (64,53)	Bronze (61,86)	Diplom (53,39)	Diplom (192,8)	372,58
Slowenien	Diplom (40,46)	Diplom (54,85)	Diplom (54,16)	Diplom (198,6)	348,07
Rumänien	Diplom (41,8)	Diplom (54,27)	Diplom (50,41)	Diplom (193,2)	339,68
Slowakei	Diplom (43,53)	Diplom (52,8)	Diplom (43,86)	Diplom (197,2)	337,39
Russland	Diplom (20,6)	Diplom (20,06)	Diplom (50,99)	Bronze (229,8)	321,45

Nestlé
FoodServices

Israel

Australia
Denmark
Finland

Japan

Germany

19 Jugendnationalteams mit ihren Menüs

19 National Youth Teams and their Menus

19 équipes nationales de jeunes et leurs menus

Jugendnationalteam Deutschland

Von links nach rechts,
von hinten nach vorn:

Thomas Treusch
Daniel Schmidt
Lars Hoffmann
Frank Schreiber (Betreuer)
Claudia Gsänger
Mattias Roock
Jens Leidreiter
Jan-Göran Barth

Jugendnationalteam Schweiz

Von links nach rechts,
von hinten nach vorn:

Rolf Fuchs
Felix Bollinger
Stefan Beer
Simon Frei
René Frei (Betreuer)
Patric Burri

Vereinigung von Poulet und Krevetten, Estragonjus, Polenta-Kastanien-Kreation, Herbstgemüse

Gefüllte Perlhuhnbrust auf Kürbis-Sahne-Püree mit Waldpilzragout und Rosmarinjus

Marriage of chicken and king prawns, estragon sauce, creation of polenta and chestnuts, autumn vegetables

Stuffed breast of guinea fowl on creamed pumpkin puree with ragout of wild mushrooms and rosemary jus

Composition au poulet et aux crevettes, jus d'estragon création de polenta aux châtaignes, légumes d'automne

Blanc de pintade farci sur purée de citrouille à la crème et ragoût de champignons sylvestres au jus de romarin

Jugendnationalteam USA

Von links nach rechts,
von hinten nach vorn:

Michelle Coghlan
David Stevens
Robert Shields
John A. Joyce (Betreuer)
Graig Peterson
Sigi Eisenberger (Betreuer)
Tony Lascon

Jugendnationalteam Schweden

Von links nach rechts,
von hinten nach vorn:

Björn Stahlberg (Betreuer)
Viktor Angmo
Henrik Johansson
Daniel Höglander
Fredrik Borg
Thomas Abrahamsson

Filet vom Lamm im Kartoffelmantel mit reduzierter Jus, grüne Bohnen, Pommes frites, Streifen von Roter Bete mit Trüffelöl und braisierten Linsen

Filet vom Rentier in einem Mantel von Karl-Johann-Pilzen und Wirsing, Mandel-Kartoffel-Strudel

Potato wrapped loin of lamb with natural jus reduction, green beans, French fried potatoes, beet strips with truffle oil and braised lentils

Fillet of reindeer in a coat of Karl-Johann mushrooms and savoy cabbage, almond potatoes in feuille de brik

Filet d'agneau dans son manteau de pommes de terre au jus réduit, haricots verts, pommes frites, lamelles de betterave rouge à l'huile de truffes et aux lentilles braisées

Filet de renne dans son manteau de champignons Karl-Johann et de chou de Milan, chausson de pommes de terre aux amandes

Jugendnationalteam Dänemark

Von links nach rechts,
von hinten nach vorn:

Rune Jochumsen
Anders Fisker
Tom Mørck (Betreuer)
Casper Aaquist
Martin Jaksland
Flemmig Poss
Kristian Møller

Jugendnationalteam Russland

Von links nach rechts,
von hinten nach vorn:

Ilia Zhdanov
Vladimir Katchurin
Ivan Martinov
Olesja Prigooljuk
Evguenya Volkova (Betreuerin)
Alexandr Porwatkin

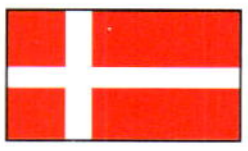

Im Ofen gebackene Meeräsche mit Olivenpanade, angerichtet mit Brandade, Kabeljau, Ratatouille mit Tuiles und Kräutern, braisierter Fenchel, Fisch-Tomaten-Sauce

Plattfischröllchen mit Gemüse, Rahmsauce und roten Beeren

Baked grey mullet in olive crust served with brandade, salted codfish, ratatouille with tuiles and herbes, braised fennel, fish tomato sauce

Halibut with vegetable, creamsauce with red billberries

Mulet cuit au four et panade aux olives dressé sur brandade, cabillaud, ratatouille aux tuiles et fenouil braisé aux herbes, sauce au poisson et aux tomates

Petits rouleaux de poisson, plat sur légumes, sauce à la crème et aux baies rouges

G Jugendnationalteam Singapur

Von links nach rechts,
von hinten nach vorn:

William Chan
Kelvin Loke
Derick Koh
Wilson Tang (Betreuer)
Yen Koh
Benjamin Lim

G Jugendnationalteam Australien

Von links nach rechts,
von hinten nach vorn:

Markus Gerber (Betreuer)
Tanya Harrison
Jock Stewart
Graig Williams
Megan O´Keefe
Domingo Domingo
Renee-Lee Dominick
Sherwin Atienza

B Jugendnationalteam Polen

Von links nach rechts,
von hinten nach vorn:

Jacek Weglewski
Lukasz Mielcarek
Michaz Plewka
Arkadiusz Panek
Adam Chrzastowski (Betreuer)
Lukasz Lisowski

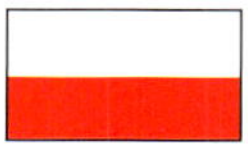

Delikatesse vom Reh mit sonnengetrockneten Tomaten, Pilzen und Spinat

Geräucherter Lammrücken, mit Mousse von Bries und Zitronen-Myrte, Akaziensamen-Crêpe mit Linsenrisotto, Buschtomaten-Chutney, Spinat und kleine Gemüse, Rosella-Blüten und Steinpilzsauce

Silber-Fin-Kabeljau mit Macadamianuss und Fenchelbrühe, serviert mit Kartoffelpüree und würzigem Fenchelsalat

Delicacy of venison with sun-dried tomatoes, mushrooms and spinach

Farm smoked rack of lamb, topped with lemon myrtle, sweetbread mousse, wattle-seed crêpe with lentil risotto, bush tomato chutney, spinach and small vegetables, rosella flower and ceps jus

Macadamia nut crusted silver cod fish with fennel broth accompanied with mashed potatoes and spicy fennel salad

Délicatesse de chevreuil et tomates séchées au soleil, champignons et épinards

Carré d'agneau fumé à la mousse de ris et myrte au citron, crêpe de grain et au risotto de lentilles, chutney aux tomates du bocage, épinards et petits légumes, fleurs de jute et sauce aux cèpes

Cabillaud argenté au bouillon de noix de macadamia et de fenouil servi de purée de pommes de terre et de la salade de fenouil aux épices

Jugendnationalteam Schottland

Von links nach rechts,
von hinten nach vorn:

Rory Fulton
Greig Rothsbotham
Martin Pirie
Robert Bruce (Betreuer)
Nell Ireland
William Boyter

Jugendnationalteam Tschechien

Von links nach rechts,
von hinten nach vorn:

Pavel Mares
Miroslav Kubec (Betreuer)
Josef Rychtz
Pavel Cervenka
Eva Zbrojova
Patrik Hagliček

Jugendnationalteam Kanada

Von links nach rechts,
von hinten nach vorn:

Terry Cutts
Roy Camara
Ian Grady (Betreuer)
Ed Wright
Ben Hunter
Tom Gibson
Lee Ann Rossiter
Susan Byrne
Sarah Dunstan

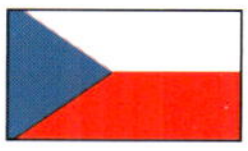

Mit Pfeffer gebratener Rehrücken mit Portweinjus und Blaubeerenkompott, Süßkartoffelpüree und Sunburst-Kürbis mit Pilzfüllung, Zierkürbisessenz

Damwildrücken auf Lebkuchenkruste und Galantine von geräucherter Entenbrust, umwickelt mit Parmaschinken, Kastanienauflauf und Herbstgemüse, Ebereschen- und weiße Balsamicosauce, garniert mit Lauchstroh

Reh in Auchiltabuie-Schinken und schottischer Gemüsebrühe, gebratenes Rehkotelett, Whisky- und Linsensauce, dazu Wirsing und Fondantkartoffeln

Roast peppered loin of venison with Port wine jus and blueberry compot served with a Yukon gold sweet potato puree, wild mushrooms, Sunburst squash and squash essence

Fallow deer back on gingerbread crust and galantine from smoked duckling breast, enwraped in Parma ham with chestnut soufflé on autumn vegetable with black rowan and white balsamico sauces, garnished with leek straw.

Roe deer encased in Auchiltabuie ham and Scotch broth parfait with own seared cutlet, whisky and lentil sauce, savoy cabbage, Fondant potato

Selle de chevreuil rôtie au poivre en jus de porto et à la compote de myrtilles, purée de patates douces et citrouille Sunburst farcie aux champignons, essence de citrouille ornementale

Selle de daim en croûte de pain d'épice et galantine de blanc de canard fumé enveloppé de jambon de Parme, soufflé aux châtaignes et légumes d'automne, sorbier et sauce blanche au vinaigre balsamique, garniture de paille de poireaux

Chevreuil en poulet d'Auchiltabuie et bouillon de légumes écossais, côtelette de chevreuil frite, sauce au whisky et aux lentilles, accompagnée de chou de Milan et de pommes de terre fondantes

Jugendnationalteam Griechenland

George Nikolopoulos
Konstantinos Chantzigeorgiou
George Karamkhalis
Frantzeska Veroni
Dimitra Nikolaou
Alexopoulos Panaglotis (Betreuer)
Iordanidis Con
Tolis Anostagio

Jugendnationalteam Norwegen

Kjetil Gundersen (Betreuer)
Magnus Castracane
Frederik Grüner
Niki Shing
Braathen Steinar

Heilbuttfilet mit Kräuterkruste, Feingebäck mit Tomaten und Fenchel, Pfifferlinge und Spinat, Ofenkartoffeln, Knoblauchsauce

Seewolf mit Kräuterkruste, serviert auf Safran-Zitronenblüten-Spiegel mit Gemüsewürfeln in Fenchel

Fillet of halibut with herb crust, pastry with tomatoes, and fennel, chanterelles and spinach, oven-baked potatoe, garlic sauce

Seawolf in herb crust served on a saffron and lemon flower lake with little cubes of vegetable in fennel

Filet de flétan en croûte aux herbes, pâtisserie aux tomates et au fenouil, girolles aux épinards, pommes de terre au four, sauce à l'ail

Loup de mer en croûte aux herbes servi sur mer de safran et aux fleurs de citron, légumes en dés en fenouil

Jugendnationalteam Österreich

Von links nach rechts,
von hinten nach vorn:

Peter Tschuschnig (Betreuer)
Christian Leitner
Sigrid Posarnig
Markus Eisner
Amelie Eichholzer

Jugendnationalteam Luxemburg

Von links nach rechts,
von hinten nach vorn:

Carlo Sanbu
Joël Schaeffer
Patrick Niessen
Paul Steinmetz
André Schuller

Rinderfilet mit abgeflämmtem Thymian, Geflügelwürstchen mit Morcheln und Pfeffer, Graupen-Risotto, Gemüse der Saison

Gebratener Kalbs-Tafelspitz auf Wurzelgemüse und Kräuterpüree

Fillet of beef with seared thyme, poultry sausage with morels and pepper, Ebly-risotto, vegetables of the season

Roasted short tender loin of veal on root vegetables with herb puree

Filet de bœuf au thym flambé, petites saucisses de volaille aux morilles et au poivre, risotto d'orge mondé, légumes de saison

Culotte de bœuf braisée de veau sur légumes-racines et purée aux herbes

Jugendnationalteam Portugal

Von links nach rechts,
von hinten nach vorn:

Joaquim Gomes
Gil Raposo
Luis Marques
Mario Ramos
Carlos Madeira (Betreuer)
Celestino Grave

Jugendnationalteam Israel

Von links nach rechts,
von hinten nach vorn:

Beny Natanilov
Leonid Vinikov
Michaelle Blanky
Ruven Sulayev
Rafi Yefet
Meir Riess (Betreuer)

Jugendnationalteam Irland

Von links nach rechts,
von hinten nach vorn:

Chan Wang Kwan
Gary McDowell
Christina Walsh
Robert Fitzharris
Michael Thomas
Siobhan Aylward
Patrick Clement (Betreuer)
Nicola Curran

Schwarze Schweinelende mit roter Pfefferkruste und Gemüse der Saison

Roter St.-Peters-Fisch nach Mittelmeerart mit Olivenöl auf Mangold mit Artischockensauce, sautiertes Gemüse mit Okras und Wildreispilaw

Gebratener Rehrücken mit Steinpilz- und Zwiebel-Pithiviers, geröstetes Gemüse, Kartoffelkuchen und Portweinjus

Black pork loin with red pepper crust and vegetables in season

Mediterranean style red saint peter's fish prepared in a olive oil served on a bed of Swiss chards with artichoke sauce, accompanied by sauteed vegetables, okras, and wild rice pilaf

Roast loin of venison with ceps and onion pithiviers, roast melange of vegetables, potato cake and port jus

Filet mignon noir de porc en croûte au poivre rouge et légumes

Saint-Pierre rouge à la méditerranéenne à l'huile d'olives sur bettes à la sauce aux artichauts, légumes sautés, gombos et pilaf de riz sauvage

Selle de chevreuil rôtie aux pithiviers aux cèpes et oignons, légumes frits, gâteau de pommes de terre et jus au porto

Medaillen- und Bewertungsspiegel der Jugendnationalmannschaften

Land	*Warme Küche*	*Kochstudio A*	*Kochstudio B*	*Kochstudio C*	*Kochstudio D*	*Gesamtpunktzahl*	*Medaillen*
Deutschland	194,70	23,92	21,43	23,34	23,25	286,64	Gold
USA	184,40	21,09	20,75	22,43	21,09	269,76	Gold
Dänemark	177,40	18,84	21,68	30,01	19,34	267,27	Gold
Schweden	179,70	21,09	21,59	20,84	19,93	263,15	Gold
Australien	172,70	21,01	22,34	19,36	19,18	254,59	Gold
Norwegen	195,10	14,84	14,17	14,34	15,00	253,45	Gold
Schweiz	170,70	19,09	20,68	20,75	21,17	252,39	Gold
Kanada	180,10	18,34	16,84	13,18	18,83	247,29	Gold
Singapur	163,40	20,85	21,01	18,00	15,84	239,10	Gold
Österreich	164,00	20,35	19,01	17,84	17,85	239,05	Gold
Portugal	158,40	19,67	18,84	15,67	16,51	229,09	Silber
Tschechien	138,70	21,17	21,84	22,00	21,17	224,88	Silber
Irland	144,70	20,68	18,84	16,34	20,84	221,40	Silber
Schottland	134,70	21,00	17,50	18,00	19,85	211,05	Silber
Luxemburg	138,60	16,17	17,51	17,01	20,84	210,13	Silber
Israel	128,70	17,00	18,92	17,34	16,50	198,46	Silber
Russland	108,00	20,50	17,84	17,84	17,00	181,18	Bronze
Polen	104,70	14,84	16,67	15,01	16,17	167,39	Bronze
Griechenland	82,00	16,34	17,18	17,67	10,00	143,19	Diplom

PALUX Topline beim Jugendwettbewerb
der Köche-Olympiade 2000

PALUX Topline beim Jugendwettbewerb
der Köche-Olympiade 2000

TOP - TAFEL - IDEE
2000
Köstritzer

Nestlé
FoodServices

14 Militär-Nationalteams
und 2 B-Mannschaften mit einer Menüauswahl

14 Armed Forces National Teams
and 2 B-Teams with a Choice of Menus

14 équipes nationales des forces armées
et 2 équipes B avec un choix de menus

Iceland

Great Britain

Israel

Norway

Portugal

South Africa

Switzerland

Sweden

Austria

INTERNATIONALE

Vereinigte Staaten von Amerika

Travis Smith
Mark Warren
Willie Meeks
David Turcotte
Mark Morgan
Joshua Sperl

Schweden

Martin Morand
Peter Svensson
Jörgen Bengtsson
Klas-Mikael Törnlind
Lars Larsson
Ulf Nilsson

Schweiz

René Schanz
Hans-Peter Brülisauer
Roberto Biaggi
Yves-Sacha Bugnon
Jean-Michael Martin
Jürg Zwahlen

Frankreich

Fabrice Cabrol
Didier Bonnery
Paolo Sessini
Dominique Deschamps
Daniel Gaschet
Patrick Privat

Ungarn

Karoly Gulyas
Gyula Jenei
Joszef Feher
Zoltan Takacs
Gabor Rell
Tamas Kolonics

Irland

Martin O'Rourke
Patrick Cunningham
Noel Murphy
Martin Burke
Fergus Cahill
Paul Callery

Deutschland B

Ingo Schewe
Riccardo Biskupek
Karsten Knehans
André Göringer
Thomas Wassink
Ronny Brumm

Niederlande B

P. Thielen
E. Spilleman
J. van den Brink
M. de Buck
M. Bos
W. Berghuis

Großbritannien

Steve Galloway
Billy Barrie
Lee Corke
Andy Twells
Ritchie Taylor
Bob Brown

Deutschland A

Fredo Eckhoff
Frank Fiegenbaum
Ronny Feig
Rüdiger Kammer
Thomas Brunk
Alex Westphal

Israel

Samuel Moldevan
Fiesman Ofer
Avi Sigavi
Siemon Levi
David Vaknin
Moshe Levi

Niederlande A

H. Kragten
R.W. Kanits
C. van den Hoek
B.J. Kort
M. Lens
P. Veenstra

Südafrika

Roger Naidoo
Willie Van Zyl
Maria Sjölander
Niekie Eksteen
Yvette Holloway
Steven Sigapragasan

Österreich

Franz Krautsack
Wolfgang Schrattbauer
Leopold Marrer
Andreas Klump
Christian Neuhold
Francis Fink

Luxemburg

Roland Mehlen
Patrick Engels
Marguerite Kanive
Guy Rommes
Claude Vorbrink

Belgien

Victor Lemmens
Christine Henderickx
Christian Rousseau
Alain Pairoux
Pascal D'Hoey
Eddy Verbeeren

herzhaft und gut
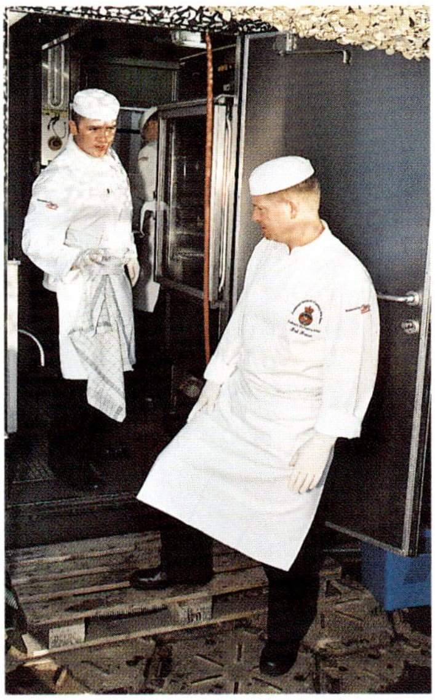

3

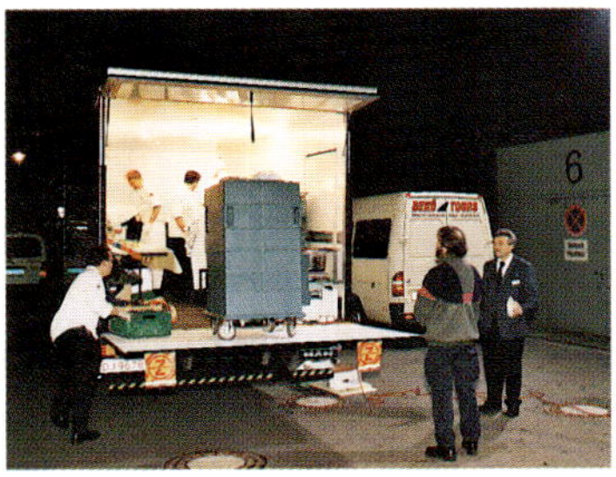

Tagesmenü im Restaurant der Streitkräfte. Schinken mit Kräuterquark im Pfannkuchenmantel, Salatbouquet, Kürbis, Sauce von Akazienhonig und Dijonsenf; Schollenröllchen auf Zitronensauce, grüner Spargel, Gurkengemüse, Silberzwiebeln, Staudensellerie, Tomaten, dreierlei Reis; Grießdessert mit Backobstfüllung, rote Grütze, Baumkuchenwelle.

Daily menu in the Restaurant of the Forces. Ham with herb curd cheese in a pancake coating, salad bouquet, pumpkin, sauce of acacia honey, and Dijon mustard; Roll of plaice on lemon sauce, green asparagus, cucumber, pickled onions, celery, tomato, three different rices; Semolina dessert filled with dried fruits, red grits, layers of pyramid cake wave.

Menu du jour au restaurant des forces armées. Jambon et fromage blanc aux herbes en manteau de crêpe, bouquet de salade, potiron, sauce au miel d'acacia et à la moutarde de Dijon; Petits rouleaux de plie sur sauce au citron, asperges vertes, concombreaux légumes, petits oignons au vinaigre, céleri en branches, tomates, trois sortes de riz; Dessert à la semoule fourré aux fruits secs, gruau aux fruits rouges, pièce montée.

Restaurationsgericht. Exotisches Avocadomousse, kleiner Salat, zitronenmarinierte Garnelen mit einer heißen Sauce; Spinat- und hähnchengespicktes Rinderfilet mit Fenchel, Waldpilzen und einem Törtchen von roten Rüben und Kartoffeln, Calvadossauce; Nordlicht-Torte mit Früchten, Minze und Zitronenmelisse, Nougat.

Restauration dish. Exotic avocado mousse, small salad, lemon marinated shrimps with hot sauce; Spinach and chicken larded fillet of beef with fennel, forrest mushrooms and a tarte from red turnips and potatoes, Calvados sauce; Northern lights cake with fruits, mint and lemon melissa, nougat.

Plat pour restauration. Mousse exotique aux avocats, petite salade, crevettes marinées dans le citron et sauce chaude; Filet de bœuf lardé d'épinards et de poulet au fenouil, champignons sylvestres et tartelette aux betteraves rouges et aux pommes de terre, sauce au calvados; Tarte aurore boréale aux fruits à la menthe et à la mélisse citronnelle, nougat.

Restaurationsgericht. Fischsuppe mit einem Nordsee-Segel auf einem Bett von Julienne und Kräuter-Crème-fraîche; Lammkotelett an einem Turm von Gemüse mit Rotweinsauce, gefüllte Selleriestangen und Kartoffelzigarren; Weiße Schokoladen- und Waldbeermousse unter einem Schokoladengitter mit Erdbeer- und Mangosauce.

Restauration dish. Fish soup with a North Sea sail on a bed of julienne and herb cream fraîche; Lamb cutlet on a tower of vegetable with red wine sauce, filled celery sticks and potato cigars; White chocolate and forrest berries mousse and a chocolate grid with strawberry and mango sauce.

Plat pour restauration. Soupe de poissons et voile de la mer du Nord sur lit de julienne et de crème fraîche aux herbes; Côtelette d'agneau sur tour de légumes en sauce au vin rouge, branches de céleri farcies et cigares aux pommes de terre; Mousse au chocolat blanc et aux fraises des bois sous grille de chocolat, sauce à la mangue et aux fraises.

Tagesmenü im Restaurant der Streitkräfte. Bodenseebarsch-Röllchen, Spargelterrine, Sauce vinaigrette; Gesottene, geräucherte Kalbsschulter mit Kopffleisch Schweizer Art, Senfsauce, Gemüsepfanne, Mais-Gratin; Thurgauer „Gefrorener Apfelschaum".

Daily menu in the Restaurant of the Forces. Bodensee-bass roll, terrine of asparagus, sauce vinaigrette; Simmered smoked veal shoulder with head meat Swiss style, mustard sauce, vegetable pan, gratinated sweet corn; "Frozen apple foam Thurgau style".

Menu du jour au restaurant des forces armées. Petit rouleau de bar du lac de Constance, terrine d'asperges, sauce vinaigrette; Epaule de veau fumée bouillie et tête de veau à la suisse, sauce à la moutarde, poêlée de légumes, gratin de maïs; «Mousse de pommes gelée» de Thurgovie.

Restaurationsgericht. Vitznauer Fischersuppe; Gebratene Pouletbrust mit Birnenweggenfüllung, Holzapfelkompott, Weißkabisblatt mit Knöpflimasse; Kirschen-Rahm-Gefrorenes.

Restauration dish. Fisher soup Vitznau style; Roasted chicken breast with pear roll filling, crab apple compote, white cabbage leaf with flour dumplings mixture; Cherry cream ice-cream.

Plat pour restauration. Soupe du pêcheur de Vitznau; Blanc de poulet rôti à la farce de petit pain aux poires, compote de pommes sauvages, feuille de chou blanc à l'appareil de gnocchi; Crème aux cerises gelée.

Tagesmenü im Restaurant der Streitkräfte. Komposition von Salaten, Tomatenvinaigrette, Käseravioli, Kräcker; Gegrillte Spareribs, Barbecuesauce, gebackene Bohnen, Maisküchlein, Makkaroniauflauf; Erdbeercharlotte mit Vanillesauce.

Daily menu in the Restaurant of the Forces. Composition from salads, tomato vinaigrette, cheese ravioli, cracker; Grilled spareribs, barbecue sauce, baked beans and corn galettes, soufflé from sweet chestnuts; Strawberry charlotte with vanilla sauce.

Menu du jour au restaurant des forces armées. Composition de salades, tomates à la vinaigrette, ravioli au fromage, cracker; Spare ribs grillés, sauce barbecue, haricots blancs à la sauce tomate, petites galettes de maïs, soufflé de macaroni; Charlotte aux fraises et crème à la vanille.

Restaurationsgericht. Pastinakenwurzelsuppe mit pochierten Austern, Wurzelgemüse und Selleriekraut; Gegrillte Hähnchenbrust, Tomate mit Erbsen-Mousseline, Gemüse-Couscous, Kohlrübchen und Jus; Weincremeterrine mit Trauben im Zuckermantel, Himbeersauce, Meringe.

Restauration dish. Parsnip soup with poached oysters, root vegetables and celery herb; Grilled chicken breast, tomato with pea mousseline, vegetable-couscous, turnip and jus; Terrine of wine cream with grapes in a sugar coating, raspberries, meringue.

Plat pour restauration. Soupe de panais aux huîtres pochées, légumes-racines et céleri branche; Blanc de poulet grillé, tomate et mousseline de petits pois, légumes de couscous, petits rutabagas au jus; Terrine de crème de vin aux raisins en manteau de sucre, sauce aux framboises, meringue.

Restaurationsgericht. „Strammer Max" mit Wachtelei und Sprossensalat; Entenbrust, mit Pistazienfarce gefüllt, Orangenjus, Kaiserschoten und Polenta; Mit Erdbeeren und Bayerischer Creme gefüllter Baumkuchen, gelbe Grütze.

Restauration dish. "Strammer Max" with quail egg and sprout salad; Duck breast filled with pistachio farce, orange jus, sugar peas and polenta; With strawberry and Bavarian cream filled pyramide cake, yellow groats.

Plat pour restauration. «Strammer Max» aux œufs de caille et salade de jeunes pousses; Blanc de poulet farci aux pistaches, jus d'oranges, pois mange-tout et polenta; Pièce montée fourrée aux fraises et à la crème bavaroise, gruau jaune.

Restaurationsgericht. Gemüsesülze mit Kräutersauce, Salatbouquet, Blätterteiggebäck; Seeteufel im Brotmantel, Tomatensauce, Romanesco und Bandnudeln; Grießdessert mit Orangen-Karamell-Sauce.

Restauration dish. Vegetable aspic with herb sauce, salad bouquet, puff pastry; Monkfish in a bread coating, tomato sauce, romanesco and tagliatelle; Semolina dessert with orange caramel sauce.

Plat pour restauration. Légumes en gelée et sauce aux herbes, bouquet de salade, pâtisserie feuilletée; Lotte dans son manteau de pain, sauce tomate, romanesco et tagliatelle; Dessert à la semoule en sauce au caramel et aux oranges.

Restaurationsgericht. Hechtterrine mit Krabben und Spinat, Rote-Bete-Schaumsauce, Weißreis und Wildreis; Wachtel mit Morchelfarce, Backobstsauce, glasierte Möhren und Spiralkartoffeln; Kleine Crêpes mit Kirschen und Fruchtsauce.

Restauration dish. Terrine of pike with shrimps and spinach, beetroot mousseline, white rice and wild rice; Quail with morel farce, dried fruit sauce, glazed carrots and spiral-potatoes; Small crêpes with cherries and fruit sauce.

Plat pour restauration. Terrine de brochet au crabe et aux épinards, sauce mousseline de betteraves rouges, riz blanc et riz sauvage; Caille farcie aux morilles, sauce aux fruits séchés, carottes glacées et pommes de terre spirale; Petites crêpes aux cerises et sauce aux fruits.

Restaurationsgericht. Mit Sprossen, Palmenherzen, Shrimps und mit Chinapilzen gefülltes Reisblatt, süß-saure Mangosauce; Kalbsroulade mit einer Füllung aus Mu-Err-Pilzen und Mangold, Zucchini, Kohlrabi und Polenta; Karamellcreme mit Kompott von roten und weißen Trauben, Hippenblatt.

Restauration dish. Rice leaf filled with sprouts, palm hearts, shrimps and Chinese mushrooms, sweet and sour mango sauce; Roulade of veal filled with Mu-Err mushrooms and chard, courgettes, kohlrabi, and polenta; Caramel cream with compote from red and white grapes, leaf of cornels pastry.

Plat pour restauration. Feuille de galette de riz fourrée aux jeunes pousses, cœurs de palmier, crevettes grises et champignons chinois, sauce aigre-douce à la mangue; Roulade de veau farcie aux champignons mu-err et aux bettes, courgettes, chou de Bruxelles et polenta; Crème au caramel et compote de raisins noirs et blancs, feuille de pâte à douilles.

Restaurationsgericht. Terrine von Seefisch und sonnengereiften Tomaten mit Sauce von Kerbel und Zitrone; Ballotine vom Maishuhn, gefüllt mit Pistazien, gebackenes Gemüse und Couscous; Skulptur aus Milchschokolade, gefüllt mit Champagnercreme mit weißer Schokolade.

Restauration dish. Terrine from sea water fish and sun ripe tomatoes with sauce from chervil and lemon; Ballotine from sweet corn chicken with pistachios, fried vegetables and couscous; Sculptur from milk chocolate filled with champagne cream with white chocolate.

Plat pour restauration. Terrine de poissons de mer et tomates mûries au soleil en sauce au cerfeuil et au citron; Ballottine de poulet au maïs farcie aux pistaches, légumes au four et couscous; Sculpture de chocolat au lait fourrée de crème au champagne au chocolat blanc.

Restaurationsgericht. Kombination von Lammfilet, Birne und Sauerampfer mit Balsamicosauce; Pâté von Geflügel mit Gambas und Gemüse, Kräuterpüree und Garnelensauce; Cornet aus weißer Schokolade, gefüllt mit weißem Schokoladenmousse.

Restauration dish. Combination of fillet of lamb, pear, and sorrel with balsamic sauce; Pâté from poultry with langoustines and vegetables, herb puree and shrimp sauce; Cornet from white chocolate filled with white chocolate mousse.

Plat pour restauration. Assortiment de filet d'agneau, poires et oseille en sauce au vinaigre balsamique; Pâté de volaille aux langoustines et aux légumes, purée aux herbes et sauce aux crevettes; Cornet de chocolat blanc fourré à la mousse de chocolat blanc.

Restaurationsgericht. Fischsuppe „Gera"; Kreation von Geflügel mit Safransauce; Karamellcreme mit marinierten Feigen in „Pedro Ximénez".

Restauration dish. Fish soup "Gera"; Creation from poultry with saffron sauce; Caramel cream with marinated figs in "Pedro Ximénez".

Plat pour restauration. Soupe de poissons «Gera»; Création à la volaille et sauce au safran; Crème caramel aux figues marinées dans «Pedro Ximénez».

Tagesmenü im Restaurant der Streitkräfte. Roter Seehahn auf grünem Spargel mit Karotten und Chips aus süßen Kartoffeln, Paprikasauce; Junges Huhn mit warmem Salat vom Sellerie, Tomate und Schinken auf Kasseler Rippchen, Minimais mit Nüssen, Kartoffelkuchen; Kirschsabayon mit Litschimousse.

Daily menu in the Restaurant of the Forces. Red gurnard on green asparagus with carrots and chips from sweet potatoes, pepper sauce; Young chicken with warm salad of celery, tomato and ham on roast smoked loin of pork; Mini sweet corn with nuts, potato cake; Cherry sabayon with litchi mousse.

Menu du jour au restaurant des forces armées. Grondin strié rouge sur asperges vertes aux carottes et chips de patates douces, sauce au paprika; Jeune poulet et salade chaude de céleri, tomates et jambon sur carré de porc fumée rôti, mini épis de maïs aux noix, gâteau de pommes de terre; Sabayon aux cerises et mousse de litchis.

Team United Kingdom

Restaurationsgericht. Teegeräucherter Schellfisch; Gefüllte Hähnchenbrust mit Kartoffelstroh; Käsetörtchen mit Schattenmorellen.

Restauration dish. Tea smoked haddock; Filled chicken breast with potato straw; Cheese tarte with sour cherries.

Plat pour restauration. Églefin fumé au thé; Blanc de poulet farci à la paille de pommes de terre; Tartelette au fromage et griottes.

Restaurationsgericht. Gedämpfter Lachs auf Thai-Art; Bangkok-Entengericht; Orientalischer Ingwer-Pudding.

Restauration dish. Steamed salmon "Thai style" Bangkok duck dish; Oriental ginger pudding.

Plat pour restauration. Salmon à l'étuvée à la thaïlandaise; Canard à la Bangkok; Pouding oriental au gingembre.

Restaurationsgericht. Italienische Brühe mit Gemüse und Ravioli; Fasanenbrust, gewickelt in geräuchertem Speck, auf Wirsinggemüse; Schokoladen-Bananen-Törtchen mit Aprikosensauce.

Restauration dish. Italian consommé with vegetables and ravioli; Pheasant covered with bacon on Savoy cabbage; Chocolate banana tarte with apricot sauce.

Plat pour restauration. Bouillon italien aux légumes et ravioli; Blanc de faisan enveloppé dans lard fumé sur légumes et chou de Milan; Tartelette au chocolat et aux bananes, sauce aux abricots.

Tagesmenü im Restaurant der Streitkräfte. Marinierter Nilbarsch auf einem Salatbett; Hähnchenschenkel mit einer Dattel-Honig-Sauce und Beilage der Jahreszeit; Tropische Fruchtpaste mit Passionsfruchtcreme.

Daily menu in the Restaurant of the Forces. Marinated Nile bass on a salad bed; Chicken leg with a date honey sauce and garnitures of the season; Tropical fruit paste with passion fruit cream.

Menu du jour au restaurant des forces armées. Perche du Nil marinée sur lit de salade; Cuisse de poulet en sauce aux dattes et au miel et garniture de saison; Pâte de fruits tropicaux et crème au fruit de la passion.

Restaurationsgericht. Bacala-Fisch in Zitronenmarinade und Rote Bete mit Bananenchutney; Hähnchenbrust, gefüllt mit Hummus, Kürbiskernen und Couscous mit Couscous und Gemüsen; Israel Malabi mit Grenadine-Likör und Rosenwasser.

Restauration dish. Bacala fish in lemon marinade and red beetroot with banana chutney; Chicken breast filled with houmous, pumpkinseeds and couscous with couscous and vegetables; Israeli malabi with grenadine liqueur and rose water.

Plat pour restauration. Mérou en marinade au citron et betteraves rouges au chutney à la banane; Blanc de poulet farci au hoummos, graines de citrouille et couscous au couscous et légumes; Malabi israélien, liqueur de grenadine et eau de rose.

Tagesmenü im Restaurant der Streitkräfte. Kürbisvorspeise mit Tomaten und Weinsauce; Gebratenes vom Hasen und Kaninchen, junges Gemüse, Kartoffelrösti; Maronendessert mit Biskuit.

Daily menu in the Restaurant of the Forces. Pumpkin hors d'oeuvre with tomatoes and wine sauce; Roasted hare and rabbit, young vegetables, potato "rösti"; Sweet chestnut dessert with sponge.

Menu du jour au restaurant des forces armées. Hors d'œuvre de citrouille aux tomates et à la sauce au vin; Rôti de lapin et de lièvre aux jeunes légumes, rœsti de pommes de terre; Dessert aux marrons et biscuit.

Team Luxemburg

Restaurationsgericht. Orangen-Lachs-Scampi-Tatar; Kalbsmedaillon nach Matrosenart; Cognac-Honig-Creme.

Restauration dish. Orange-salmon-scampi-tatare; Veal medallion à la mathurin; Cognac-honey-cream.

Plat pour restauration. Tatare de saumon aux oranges et de langoustine; Médaillon de veau à la mathurin; Crème au cognac et au miel.

Medaillen- und Bewertungsspiegel der Militärmannschaften

Land	*B Restaurationsgerichte Medaillen*	*Punkte*	*R Restaurant der Nationen/Medaillen*	*Punkte*	*Gesamtpunktzahl*
USA	Gold	75,88	Gold	94,80	170,68
Großbritannien	Gold	74,02	Silber	87,50	161,52
Deutschland	Gold	74,20	Silber	86,70	160,90
Israel	Silber	68,39	Gold	91,00	159,39
Niederlande	Gold	72,59	Silber	83,40	155,99
Südafrika	Gold	72,28	Bronze	78,30	150,58
Österreich	Silber	67,80	Silber	81,60	149,40
Luxemburg	Silber	67,19	Silber	81,90	149,09
Belgien	Gold	72,45	Bronze	75,50	147,95
Schweden	Silber	69,40	Bronze	76,90	146,30
Schweiz	Silber	64,05	Bronze	77,40	141,45
Frankreich	Silber	64,31	Bronze	70,20	134,51
Ungarn	Bronze	60,11	Bronze	72,20	132,31
Irland	Diplom	48,80	Bronze	72,40	121,20

Villeroy & Boch

Olympia Partner
Deutschland
RBAND DER KÜCHE DEUTSCHLAN
Villeroy & Boch

Villeroy & Boch

4 Gemeinschaftsverpflegungs-Teams mit ihren Menüs

4 Teams of Communal Feeding and Their Menus

4 équipes de ravitaillement collectif et leurs menus

Von links nach rechts:

Reinhold Karl
Regina Herren

Rauchlachsmousse und Rucolasalat an Holunderblütendressing mit marinierter Aubergine mit Kapuzinerkresse

Lammfilet und Pouletbrüstchen im Wirsingblatt auf Zwiebelconfit, Buchweizennocken mit Basilikum, Gemüseallerlei

Birnen-Joghurt-Schnitte und Heidelbeerterrine, Apfelsorbet auf Himbeermark

Mousse of smoked salmon, rucola salad with dressing of elder flower with marinated eggplants and nasturtium

Lamb fillet and chicken breast wrapped in Savoy cabbage leaf on onion confit, buckwheat dumplings with basil, assorted vegetables

Slice of pear yoghurt and blueberry terrine, apple sorbet on raspberry puree

Mousse de saumon fumé, salade de rucola, dressing de fleurs de soureau, aubergines marinées, cresson d'Inde

Filet d'agneau et blanc de poulet en feuille de chou de Milan sur confit d'oignons, gnocchi de blé noir au basilic, chartreuse de légumes

Tranches de poires au yaourt et terrine de myrtilles, sorbet aux pommes sur pulpe de framboises

Von links nach rechts:

Hans Hoffmann
Dirk Rogge

Rauchlachs-Quarkrolle, Honig-Senf-Dill-Sauce und gemischte Blattsalate mit Kürbisöldressing

Poulardenbrust, gefüllt mit Tomaten-Mozzarella, Essigsauce, Gemüsestrudel und Kartoffel-Apfel-Püree

Lebkuchencreme im Baumkuchenmantel mit Birnenkompott

Roulade of smoked salmon and cottage cheese with a honey mustard and dill sauce, mixed leaf salads with pumpkin oil dressing

Breast of poulard stuffed with tomatoes and mozzarella, vinegar sauce, vegetable stroudel and potato apple puree

Cream of ginger-bread in pyramide cake coat with pear compote

Roulade de saumon fumé et de fromage blanc, sauce au miel et à la moutarde et à l'aneth, salades melées, dressing à l'huile de citrouilles

Blanc de poularde farci aux tomates-mozzarelle, sauce au vinaigre, chausson aux légumes et purée de pommes de terre et de pommes

Crème au pain d'épices en manteau de pièce montée à la compote de poires

Von links nach rechts:

Jifi Paur
Joschi Hoffmann
Attila Obertol

Samtsuppe von der Petersilienwurzel mit Wildkräutercroûtons

Schweinelendentranchen, gefüllt, mit Kalbfleischduxelles im Wirsingmantel, Estragonsauce, Gemüsestrauß vom Erfurter Markt, Kartoffelauflauf mit Rahm

Regenbogencreme in Hagebuttensauce

Cream soup of parsley root with herbes croutons

Pork loin stuffed with veal duxelles in Savoy cabbage coat, tarragon sauce, vegetable bouquet from the "Erfurt" market, potatoe soufflé with cream

Rainbow cream with rose-hip sauce

Velouté de persil bulbeux aux croûtons aux herbes incultées

Tranches de filet de porc farcies à la duxelle de veau en manteau de chou de Milan, sauce à l'estragon, bouquet de légumes du marché d'Erfurt, soufflé de pommes de terre à la crème

Crème arc-en-ciel en sauce aux d'églantines

Von links nach rechts:

Andreas Tucek
Johann Reinhart
Wolfgang Weber

Cremige Kürbissuppe

„Fledermäuserl" mit Koriander-karotten und Pilzgeröstel

Topfenschmarren

Creamy pumpkin soup

"Fledermäuserl" with coriander carrots and sautéed mushrooms

"Topfenschmarren" (a kind of pancake stripes with curd cheese)

Potage crème au potiron

«Chauve-souris» accompagnée de carottes à la coriandre et de champignons grillés

Omelette rissolée au fromage blanc

Germany

Germany

Japan

Switzerland

JAPAN

JAPAN

Egypt

Australia

Portugal
Germany
Slovenia
Japan
South Africa
Great Britain
Switzerland
Poland
Ireland
Norway
Finland
Scotland
Canada
Denmark

7 Patisserie-Teams

7 Patisserie-Teams

7 équipes de pâtisserie

Schweiz

Von links nach rechts:

Pedro Alves
Urs Regli

Deutschland

Von links nach rechts:

Synke Ahner
Jens Gradel

Dänemark

Von links nach rechts:

Heine Schriver
Henrik Konnerup Olsen

Israel

Von links nach rechts:

Yosef Moti
Fadida Shlomy

England

Von links nach rechts:

Alan Whatley
Andy Whitson

Australien

Von links nach rechts:

Ruth Claase
Mathew McBain
Adrian Barry

Von links nach rechts:

Bernhard Azinger
Kenneth Aas

IKA 2000 – Olympiade der Patissiers

Platz	*Team*	*Punkte*	*Rang*
1.	Schweiz	545,2	Gold
2.	Deutschland	542,2	Gold
3.	Dänemark	480,2	Silber
4.	Israel	471,5	Bronze
5.	England	469,0	Bronze
6.	Australien	467,2	Bronze
7.	Norwegen	419,0	Bronze

INTERNATIONALE
KOCHKUNST-
AUSSTELLUNG
OLYMPIADE DER KÖCHE
Zoltán Perity
HUNGARY

Bitburger

Vorspeisen und kalte festliche Platten

Hors-d'oeuvres and Cold Festive Platters

Hors-d'œuvre et plats de fête froids

Team Györ

Schauplatte. Entenbrust mit Gänseleber; Putengalantine, Ziegenkeule mit Kaninchen und Schafkäse; Gefülltes Mosaik; Gemüsegarnitur.

Show Platter. Breast of duck with goose liver; Turkey galantine; Leg of goat with rabbit and sheep's cheese; Filled mosaic; Vegetable garniture.

Présentation. Blanc de canard au foie d'oie; Galantine de dinde, cuissot de chèvre au lapin et fromage de brebis; Mosaïque farcie; Garniture de légumes.

Büfettplatte. Puter nach „Bürgerart" mit Pinienkernsauce, Chardonnaysauce und Rosinensauce.

Buffet Platter. Turkey "citizen style" with pine nut sauce; Chardonnay sauce and raisins sauce.

Plateau-buffet. Dindonneau «bourgeoise» en sauce aux pignons; Sauce au chardonnay et sauce aux raisins secs.

Team Cuochi Regione Marche

Festliche Platte. Kalbsfilet, Schweinerücken und Kapaunterrine mit Gemüsegarnitur.

Festive Platter. Fillet of veal, saddle of pork and terrine of capon with vegetable garniture.

Plateau de fête. Filet de veau, échine de porc et terrine de chapon à la garniture de légumes.

Variationen von Spanferkel „Woodstock". Geräucherter Schinken; Roulade von Innereien; Lende in der Kruste; Pastrami-Lende; „Kopf"-Käse; Apfelmousse; Eingelegte Gemüse; Cumberland- und Senfsauce.

Variations of suckling pig "Woodstock". Smoked Ham; Roulade of offal; Loin en croûte; Pastrami loin; Head cheese; Apple mousse; Pickled vegetable; Cumberland, and mustard sauce.

Variations de cochon de lait «Woodstock». Jambon fumé; Roulade d'abats; Échine en croûte; Tranches de pastrami (fumée et assaisonnée); Fromage de tête; Mousse aux pommes; Légumes au vinaigre; Sauce Cumberland et sauce moutarde.

Festliche Platte für 8 Personen. Pfannengeröstete Rehlende; Fasan und Schwein, vereint in einer Pestohülle; Frischer Hummer, Lachs, Kamm- und Miesmuschel in dreifarbigem Füllsel; Gemüse, Hülsenfrüchte und Pilze, in Tofufüllsel eingepackt, in einem Chaud-froid-Mantel; Sushi-„Pizza", Salat von saisonalen Gemüsen in Vinaigrette und Komposition von Früchten.

Cold buffet platter for 8 people. Pan seared loin of venison; Pheasant and pork encased in a pesto swathe; Fresh lobster, salmon, scallops and mussels in three colors of forcemeat; Vegetables, pulse and fungi in tofu forcemeat wrapped in chaud froid blanket; Sushi "pizza", salad of saisonal vegetables in vinaigrette and composed fruit accoutrements.

Plateau de fête froid pour 8 personnes. Filets de chevreuil; Faisan et porc grillés, poêlés et enrobés de pistou; Langouste fraîche, saumon, coquilles Saint-Jacques et moules en farces de trois couleurs; Légumes, légumineuses et champignons en farce de tofu emballée dans un chaud-froid de blanquette; Sushi «pizza», salade de légumes de saison à la vinaigrette et ensembles de fruits composés.

Kreationen von norwegischem Lamm. In Petersilie gegartes Lamm; Pochierte und gewürzte Lammkeule; Lammfilet und Poulardenbrust in gelben Zucchini; Terrine von Waldpilzen, eingewickelt in Schinken; Marinierte Gemüse; Tomaten-Basilikum-Gelee; Limetten-Meerrettich-Sauce.

Creation of Norwegian lamb. Parsley boiled rack of lamb; Poached salted and spiced leg of lamb; Fillet of lamb and chicken breast in yellow courgette; Terrine of forrest mushrooms wrapped in ham; Marinated vegetables; Tomato and basil jelly; Lime and horseradish sauce.

Création d'agneau norvégien. Marmite d'agneau au persil; Gigot d'agneau poché, salé et épicé; Filet d'agneau et blanc de poulet en courgette jaune; Terrine de champignons sylvestres emballée de jambon; Légumes marinés; Gelée de tomates et de basilic; Sauce au citron vert et au raifort.

Platte für 8 Personen. Kalbsrücken, mit Hühnerschaum und Lammfilet gefüllt; geräucherte Perlhuhnbrust mit Wachteleiern; Lammrücken mit Pfefferkruste; Gemüsegarnitur.

Platter for 8 people. Saddle of veal stuffed with chicken mousse and fillet of lamb; Stuffed breast of guinea hen with quail eggs; Saddle of lamb with pepper crust; Vegetable garniture.

Plateau pour 8 personnes. Longe de veau farcie à la mousse de poulet et au filet d'agneau; Blanc de pintade fumé aux œufs de caille; Carré d'agneau en croûte au poivre; Garniture de légumes.

Festliche Geflügelplatte auf neue holländische Art.

Festive Poultry Platter New Dutch Style.

Plateau de volaille à la nouvelle manière hollandaise.

Wildplatte. Elchrücken in der Teigkruste; Wildpilzterrine; Buntes Gemüse; Entenleber-sülze; Gefüllte Wildentenbrust.

Game Platter. Saddle of elk en croûte; Terrine of forrest-mushrooms; Variety of vegeta-bles; Duck liver aspic; Stuffed wild duck breast.

Plateau de gibier. Selle d'élan en croûte de pâte; Terrine de champignons sauvages; Légumes colorés; Foie de canard en gelée; Blanc de canard sauvage farci.

Neil Becker

Wildentenplatte. Gefüllte Entenbrust; Gepökelte und gepresste Entenkeule; Lebersülze und Gemüseganitur.

Wild Duck Platter. Stuffed duck breast; Pickled and pressed leg of duck; Liver aspic and vegetable garniture.

Plateau de canard sauvage. Blanc de canard farci; Pilon de canard saumuré et pressé; Foie en gelée et garniture de légumes.

Festliche Geflügelplatte.

Festive Poultry Platter.

Plateau de volaille de fête.

Kalte Platte. Kaltrauch-Lachs im Spargelmantel; Seeteufel aus dem Heißrauch, mit schwarzem Pfeffer und Honig mariniert; Meerwolf und Sprossen in Gelee mit Safranfäden; Roulade von Seezunge und Miesmuscheln im Dillkleid; Zucchini mit Melonenkugeln und Kürbiskernen; Kohlrabi mit Olive und Meerrettich; Gurke mit Zwiebeln und Garnelen; Orangen-Essig-Kräuter-Sauce, Quarkschaumsauce.

Cold Platter. Cold smoked salmon with asparagus coating; Smoked angler marinated with black pepper and honey; Catfish and sprouts with saffron in jelly; Roll of sole and mussels with dill coating; Courgettes with melonballs and pumpkin seeds; Turnip cabbage with olive and horseradish; Cucumber with onions and shrimps; Orange vinegar herb sauce, fresh cheese sauce.

Plateau froid. Saumon fumé à froid dans son manteau d'asperges; Lotte fumée à chaud marinée dans le poivre noir et le miel; Loup de mer et jeunes pousses en gelée aux filaments de safran; Roulade de sole et moules en robe de fenouil; Courgettes aux boulettes de melon et graines de citrouille; Chou-rave aux olives et au raifort; Concombre aux oignons et aux crevettes; Sauce aux oranges, au vinaigre et aux herbes, sauce à la mousse de fromage blanc.

Partners In Pursuit
Of Olympic Gold

JAPAN

JAPAN

Schauplatte. Hirschrücken und Pilze im Kräuterkleid; Wachtelüberraschung; Kalbskopf und Siedfleisch im Rinderzungenmantel mit Senffrüchten; Bunter Bohnensalat; Kalbfleisch mit Petersilie und Erbsen auf Kürbisboden; Gemüsepüreezylinder auf Rettich; Kastanien-Dörrfrüchte-Kugel in Kernen auf Blätterteig.

Show Platter. Saddle of deer and mushrooms in a herb coating; Surprise of quails; Head of veal, boiled meat, and tongue of beef with mustard fruits; Mixed salad of beans; Meat of veal with parsley and peas on a pumpkin ground; Timbale of a vegetable puree on radish; Chestnut and dried fruit ball on puff pastry.

Plat de présentation. Selle de cerf et champignons en robe aux herbes; Surprise à la caille; Tête de veau et viande à bouillir en manteau de langue de bœuf aux fruits à la moutarde; Salade de haricots multicolore; Veau au persil et aux petits pois sur fond de citrouille; Timbale de purée de légumes sur radis noir; Boulette de châtaignes et fruits secs au cœur de pâte feuilletée.

Festliche Platte. Terrine von der Spitzmorchel und Gänseleber; Galantine vom Perlhuhn; Gebratener Rehrücken; Rehroulade.

Festive Platter. Terrine of pointed morel and goose liver; Galantine of guinea hen; Roasted saddle of venison; Roulade of venison.

Plateau de fête. Terrine de morilles et de foie d'oie; Galantine de pintade; Selle de chevreuil rôtie; Roulade de chevreuil.

Denise Herzog

Festliche Büfettplatte.

Festive Buffet Platter.

Plateau-buffet de fête.

Entenplatte für 8 Personen. Entenbrustfilet mit Entenleber; Entenballotine; Birnen mit Preiselbeeren, Aprikosen und Staudensellerie, Gemüsesülzchen und Gemüseganitur.

Duck Platter for 8 People. Fillet of duck breast with duck liver; Ballotine of duck; Pears with cranberries, apricots, and celery, vegetable aspic with garniture.

Plat de canard pour 8 personnes. Blanc de canard au foie de canard; Ballottine de canard; Poires aux airelles, abricots et céleri branche, légumes en gelée et garniture de légumes.

Festliche Platte. Terrine von Seebrasse und Aal; Kaki, hergestellt aus geräuchertem Lachs; Überraschungs-Ei-Schmuckkassette aus Gemüsen; Sojasprossenmousse; Schmuckkassette aus Gemüsen; „Donguri", aus Ginkgo gefertigt; Kirschblüten nach Lily Bulb; Entenballotine; Gefüllte Taro-Kartoffel; Gefüllte Bambussprossen mit grünen Erbsen, „Zuwai"-Krebsfleisch in Gelee.

Festive platter. Terrine from sea-bream and eal; "Kaki" made by smoked salmon; Egg surprise; Jewel casket by vegetables; Soybean mousse; "Donguri" made by Ginkgo; Cherry blossom by lily bulb; Duck ballotine; Stuffed taro potato; Stuffed bamboo shoot with green peas; "Zuwai crabmeat" in jelly.

Plateau de fête. Terrine de dorade et anguille; «Kaki» de saumon fumé; Œuf-surprise; Coffret à bijoux en légumes; Mousse de soja; «Donguri» de ginkgo; Fleur de cerisier en bulbe de lis; Ballottine de canard; Taro et pommes de terre farcis, pousses de bambou farcies aux petits pois; Crabe «Zuwai» en gelée.

Walisische Schweinefleischplatte. Schweinelende mit Waldpilz-Sauerkraut; Blutwurst-terrine mit Salami und Bohnen; Schweinefilet, mit Apfel und Aprikosen gefüllt, in einem Mantel aus Schinken und Wirsing; Kirschen-Apfel-Soufflé; Apfel-Vogelbeer-Sauce.

Welsh Pork Platter. Loin of pork with forrest-mushroom-sauerkraut; Terrine of blood sausage with salami and beans; Stuffed loin of pork with apples and apricots, coated with ham and savoy-cabbage; Soufflé of cherry and apples; Apple-rowan sauce.

Plateau de porc à la galloise. Échine de porc et choucroute aux champignons sylvestres; Terrine de boudin au saucisson et aux haricots; Filet de porc farci aux pommes et aux abricots en manteau de lard et de chou de Milan; Soufflé aux cerises et aux pommes; Sauce aux pommes et aux sorbes.

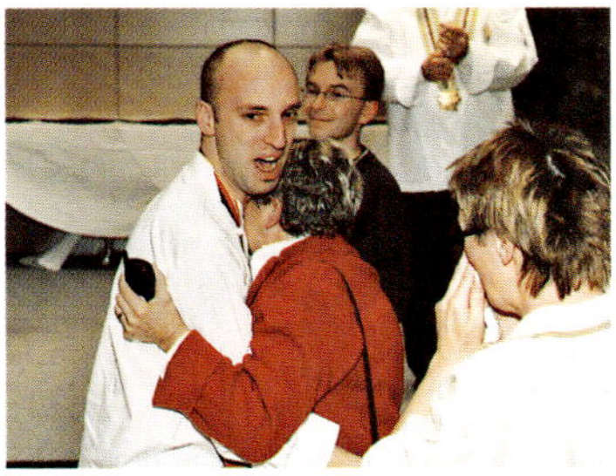

Villeroy & Boch

Gösser

OLYMPIADE DER KÖCHE
Armin Fuchs

Vier Vorspeisen. Bündner Trockenfleisch, gefüllt mit Quark und Pilzen, Mozzarella in Tomatengelee; Traubenvinaigrette; Siedfleischterrine, Salatbukett im Gurkenring an Walnussdressing; Pouletbrüstchen, gefüllt mit Mais, Salatbukett an Balsamicodressing; Rauchlachs in Crêpe mit Basilikummousse, Sauerrahmsauce.

Four Appetizers. Cured dried meat from the Grison filled with curd cheese and mushrooms; Mozzarella in tomato jelly; Grape seed-vinaigrette; Terrine of boiled meat, salad bouquet in a ring of cucumbers with walnut dressing; Chicken breast stuffed with sweet corn; Salad bouquet with balsamic dressing; Smoked salmon in pancake with mousse of balsamic; Sorrel-cream-sauce.

Quatre entrées. Viande séchée des Grisons farcie au fromage blanc et aux champignons, mozzarelle en gelée de tomates; Vinaigrette aux raisins; Terrine de viande à bouillir, bouquet de salade dans son anneau de concombre assaisonnée aux noix; Blanc de poulet farci au maïs, bouquet de salade assaisonnée au vinaigre balsamique; Saumon fumé en crêpe à la mousse de basilic, sauce à la crème aigre.

Culinary Team Ontario

Vorspeisen. Getrüffelte Königsgarnelen-Timbale; Duett von süßer Kartoffel- und Pastinaken-Terrine, Gerösteter Knoblauch und Ziegenkäse; Hummer in pochiertem Sellerie und mit Meeresfrüchten gefüllte Kammmuscheln.

Appetizers. Truffled king prawns-timbale; Duo of sweet potatoes and parsnip terrine; Roasted carlic and goats cheese; Lobster in poached celery and seafood filled with scallops.

Entrées. Timbale de langoustines royales truffée; Duo de terrine de pommes de terre aigres et de panais, ail frit et fromage de chèvre; Homard en céleri poché et peignes farcis aux fruits de mer.

Drei von sechs Vorspeisen. Triangel von Avocado und Kürbis; Mediterranes vom Seeteufel; Dialog von Hummer und Kalbsfilet.

Three of Six Appetizers. Triangle of avocado pear and pumpkin; Mediterranean angler; Dialogue of lobster and fillet of veal.

Trois entrées parmi six. Triangle d'avocat à la citrouille; Lotte à la méditerranéenne; Dialogue de homard et de filet de veau.

Drei Vorspeisen. Mousse von der Räucherforelle; Duett von Rinds- und Kalbsfilet im Briocheteig; Timbale von der Seezunge mit einem Hummerragout.

Three Appetizers. Mousse of smoked trout; Duo of beef and veal loin in brioche paste; Timbale of sole with lobster stew.

Trois entrées. Mousse de truite fumée; Duo de filet de bœuf et de veau en pâte à brioche; Timbale de sole au ragoût de homard.

Drei Vorspeisen. Mit Scampi und Morchel gefülltes Zanderfilet; Hasenrückenfilet im Perlhuhnmantel; Steinbeißer und Aal im Räucherlachsmantel.

Three Appetizers. With scampi and morel stuffed pike-perch fillet; Loin of hare with a guinea hen coating; Catfish and eel in a smoked salmon coating.

Trois entrées. Filet de sandre farci aux langoustines et aux morilles; Filet de râble de lièvre dans son manteau de pintade; Loche de rivière et anguille en manteau de saumon fumé.

Drei Vorspeisen. Lammlende in einer Wildreiskruste; Medaillons von Dover-Seezunge und Heilbutt; Gebratener Kaninchenrücken mit Pfifferlingen.

Three Appetizers. Lamb loin in a wild rice crust; Medallions of Dover sole and halibut; Roasted saddle of rabbit with chanterelles.

Trois entrées. Carré d'agneau en croûte de riz sauvage; Médaillons de sole et de flétan; Râble de lapin rôti aux chanterelles.

Villeroy & Boch

Villeroy & Boch

Villeroy & Boch

Vorspeise. Gegrillte Thunfischmedaillons mit süßen Kartoffeln; Gefüllte Steckrübe mit ländlicher Wurst und Reisgaletten; Entenbrust mit Kräutern und Honig, Mais und Pfannkuchen.

Appetizers. Grilled tuna medallion with sweet potatoes; Stuffed swede with country sausage on rice galette; Duck breast with herbs and honey, sweet corn and pancake.

Entrée. Médaillons de thon grillé aux patates douces; Porcelet farci et saucisse paysanne sur galette de riz; Blanc de canard aux herbes et au miel, maïs doux et crêpe.

Drei von sechs Vorspeisen. Vegetarische Platte; Gegrillter Zitronengras-Meeresfrüchte-Spieß mit grünem Kohl; Meeresfrüchte in einer Safranbrühe.

Three of Six Appetizers. Vegetarian plate; Grilled lemongrass seafood skewer with green cabbage; Seafood in a saffron broth.

Trois entrées parmi six. Plateau végétarien; Brochette grillée de fruits de mer à la citronnelle, chou vert; Fruits de mer en farandole au safran.

Drei Vorspeisen. Pikant umhüllte Gamettenbrust; Gemüseallerei; Rotfleischiger Lachs und Silberfischroulade.

Six Appetizers;. Savoy wrapped breast of gametten; Vegetarian sampler; Sockeye salmon and silverfish-roll.

Trois entrées. Blanc de jars enveloppé de chou de Milan; Assortiment de légumes; Saumon rouge du Pacifique et rouleau de rascasse.

Drei von sechs Vorspeisen.

Three of Six Individual Appetizers.

Trois entrées parmi six.

Zwei von sechs Vorspeisen. Feines von Räucherfischen; Variationen vom Geflügel.

Two of Six Appetizers. Best of smoked fishes; Variation of poultry.

Deux entrées parmi six. Sélection fine de poissons fumés; Variations de volaille.

Drei Vorspeisen. Gefüllter Taubenflügel auf buntem Gemüse mit Apfel-Meerrettich-Schaum; In Paprika angerichteter Netzlammbraten mit Waldpilzen und Schafkäsepolenta; Perlhuhnbrust in Kräutern mit Sprossensalat von Zwiebeln und Zichorie.

Three Appetizers. Stuffed pigeon wing on an assortment of vegetables with apple-horseradish foam; Roasted lamb with peppers and wild mushrooms, sheep's milk cheese-polenta; Guinea hen breast in herbs with a salad of mungosprouts, onions, and chicory.

Trois entrées. Aile de pigeon farcie sur légumes colorés et mousse de pomme au raifort; Rôti d'agneau assaisonné au paprika, champignons sylvestres et polenta au fromage de brebis; Blanc de pintade aux herbes et salade de jeunes pousses d'oignons et de chicorée.

JAMESON
IRISH WHISKEY

Drei von sechs Vorspeisen. Rosette von Schweinslende; Nicola-Valley-Wachtel mit organischem Gemüse; Rotfleischiger Lachs und schottischer Kabeljau in einer gelben Tomatensauce.

Three of Six Appetizers. Pinwheel of pork loin; Nicola Valley quail with organic greens; Sockeye salmon and Scotch cod in a yellow tomato sauce.

Trois entrées parmi six. Mille-feuilles d'échine de porc; Caille de Nicola Valley sur légumes verts biologiques; Saumon rouge du Pacifique et morue écossaise en sauce de tomates jaunes.

Vorspeisen. Glasierter Aal mit orientalischen Gewürzen; Tabbouleh mit Algen und Lotuswurzeln; Gerollte Kaninchenlende mit herbstlichem Salat; Gazpacho von Meeresfrüchten.

Appetizers. Glaced eel with Oriental spices; Tabboulleh with algae and lotus root; Rolled loin of rabbit with autumn salad; Seafood gazpacho.

Entrées. Anguille glacée aux épices orientales; Taboulé aux algues et aux racines de lotus; Râble de lapin roulé et salade d'automne; Gazpacho aux fruits de mer.

Vorspeisen. Meeresfrüchtegalantine; Hummerrolle mit Gurke; Schweineroulade.

Appetizers. Galantine of seafood; Lobster roll with cucumber; Pork roulade.

Entrées. Galantine de fruits de mer; Rouleau de homard au concombre; Roulade de porc.

Drei von sechs Vorspeisen (1). Graved-Lachs-Terrine mit süßem Paprika, in Whisky gerauchtes Lachsfilet mit Mais-Chili-Sauce und Salat; Heiße Gemüsetorte und Morchelkuchen mit Kartoffelstroh, Kräuteröl und Erbsenschoten; Gänseleber im Kaninchenmantel mit luftgetrocknetem Schinken, Bohnensalat und Trauben, Sauternesgelee.

Three of Six Appetizers (1). Graved salmon terrine of sweet pepper; Whisky smoked salmon with sweet chili sauce and salad; Warm vegetable-pie and morel-pie with straw potatoes, herb oil with sugar peas; Goose liver in a rabbit coating with air dried ham, bean salad with grapes and sauternes jelly.

Trois entrées parmi six (1). Terrine de saumon mariné et paprika doux, filet de saumon fumé au whisky sur sauce au maïs et au piment et salade; Tarte chaude aux légumes et gâteau de morilles à la paille de pommes de terre, huile aux herbes et gousses de petits pois; Foie d'oie dans son manteau de lapin au jambon séché à l'air, salade de haricots et raisins, gelée au sauternes.

Drei von sechs Vorspeisen (2). Kalbfleisch-Wildpilz-Terrine mit Lauch und geteiltem Ravioli mit Spargel und Champignonfüllung; Rotbarbenfilet mit Hummermousseline und Frikassee aus Schalentieren mit Basilikumöl; Rosmarin-Soufflé mit gebackenem Ziegenkäse, Artischocken, Zwiebeln und Tomaten-Jam mit Sauce Choron.

Three of Six Appetizers (2). Terrine of veal and mushrooms with leek and ravioli with asparagus and mushroom stuffing; Fillet of red mullet with lobster mousseline and fricassee from shellfish with basil oil; Rosemary-soufflé with fried goat's cheese, artichoke, onion and tomato jam with sauce Choron.

Trois entrées parmi six (2). Terrine de veau et de champignons sauvages aux poireaux et ravioli découpés aux asperges et farce de champignons de Paris; Filet de rouget à la mousseline de homard et fricassée de crustacés à l'huile de basilic; Soufflé au romarin et fromage de chèvre cuit, artichauts, oignons et confiture de tomates à la sauce Choron.

Drei Vorspeisen. Gedämpfter Sellerie mit Hülsenfrüchte-Panade mit Balsamico-Mango-Dressing; Terrine von Shiitake und Krokodilfleisch mit Chili-Jam; Terrine von Ziegenkäse mit sauren Früchten und Himbeer-Coulis.

Three Appetizers. Steamed Celery with pulse panada on balsamic-mango dressing; Terrine of shiitake and crocodile meat with chili-jam; Terrine of goat's cheese with soured fruits and raspberry coulis.

Trois entrées. Céleri à l'étuvée et purée de légumineuses assaisonnés au vinaigre balsamique et à la mangue; Champignons shii-take et terrine de crocodile à la confiture de piments; Terrine de fromage de chèvre aux fruits aigres et coulis de framboises.

Villeroy & Boch

Villeroy & Boch

Villeroy & Boch

Olympia Partner Deutschland
Villeroy & Boch

Villeroy & Boch

Villeroy & Boch

Alexander Forbes

Drei von sechs Vorspeisen. Terrine vom Wildhasen an Sprossengemüse und Spargel; Maishuhnroulade und Wachtelbrüstchen mit Gemüseallerlei; Vegetarisch: Röllchen und dreierlei Mousse vom Frischkäse an Salat.

Three of Six Appetizers. Terrine of hare with sprouts and asparagus; Sweet corn chicken roulade and quail breast with vegetable variety; Vegetarian: rolls and three kinds of mousse of fresh cheese on salads.

Trois entrées parmi six. Terrine de lièvre sauvage sur jeunes pousses de légumes et asperges; Roulade de poule au maïs et blanc de caille sur macédoine de légumes; Petits rouleaux végétariens et trio de mousses de fromage frais sur salade.

Vier Vorspeisen. Brot-Blätterteig-Schnitte mit Jakobsmuscheln, Seebarben und pürierten Auberginen in Essig, Salate; Kaninchengalantine mit Pinienkernkruste, Kaiserschoten, Johannisbeeren, Zwiebel-Trüffel-Sauce; Schwertfischtatar mit Grapefruit, Meeresfrüchte-nockerl mit Krebsen, Spargel und Tomaten; Gespicktes Wolfsbarsch-Carpaccio, dreierlei Geräuchertes mit kleinem Gemüse und Thymiansauce.

Four Appetizers. Bread-puff pastry piece with pilgrim scallops; sea bass with minced egg plant in vinegar; Salad; Galantine of rabbit with pin seed crust, sugarpeas, red currents, onion-truffle sauce; Minced swordfish with grapefruit, seafood dumpling with crawfish, asparagus and tomatoes; Sea bass carpaccio, trilogy of smoked small vegetables with thyme sauce.

Quatre entrées. Tranches de pain feuilleté aux coquilles Saint-Jacques, bars et aubergines en purée au vinaigre, salades; Galantine de lapin en croûte de pignons de pin, gousses à l'impériale, groseilles, sauce à l'oignon et aux truffes; Tatare d'espadon au pamplemousse, ocre de fruits de mer aux écrevisses, asperges et tomates; Carpaccio de loup bardé, trois sortes de fumés aux petits légumes et sauce au thym.

Imre Kovacs

Vorspeisen. Fasanenbrustroulade mit frischem Obst; Welsmedaillons mit Vinaigrette; Gebeizter Ziegenkäse mit Salat und Grillpaprika; Zalaer Flusskrebssalat.

Appetizers. Roulade of pheasant with fresh fruits medallions of silurid with vinaigrette; Marinated goat's cheese with salad and grilled peppers; Crawfish salad Zala style.

Entrées. Roulade de blanc de faisan aux fruits frais; Médaillons de poisson-chat à la vinaigrette; Fromage de chèvre mariné à la salade et poivron grillé; Salade d'écrevisses de rivière de la Zala.

Drei von sechs Vorspeisen. Tofu-Gemüseterrine, Vinaigrette von Karotten und Ingwer; Hickorygeräucherte Wachtel und Salat vom Landschinken mit gelben Tomaten und Balsamico-Sirup; Lachsforellen-Süßwassergarnelen-Terrine mit Nudel-Gemüse-Salat, Sahnemeerrettich.

Three of Six Appetizers. Terrine of tofu and vegetable, vinaigrette of carrots and ginger; Hickory smoked quail and salad from farmham with yellow tomato balsamic-sirup; Terrine of salmon trout and freshwater shrimps with noodle vegetable salad, creamed horseradish.

Trois entrées parmi six. Terrine de tofu et de légumes, vinaigrette aux carottes et au gingembre; Caille fumée au noyer d'Amérique et salade de jambon de pays aux tomates jaunes et sirop balsamique; Terrine de truite saumonée et de crevettes d'eau douce et salade de nouilles aux légumes, crème au raifort.

Trent Brears

Drei von sechs Vorspeisen.

Three of Six Individual Appetizers.

Trois entrées parmi six.

Drei Vorspeisen. Gegrillter Kaninchenrücken auf Rauchpolenta mit Rotweinsauce; Gefüllter Zander mit Gemüse und Safransauce; Salatbukett auf Paprikagelee mit Gänseleberschaum und Toast.

Three Appetizers. Grilled saddle of rabbit on smoked polenta with red wine sauce; Grilled pike-perch with vegetable and saffron sauce; Salad bouqet on pepper jelly with goose liver mousse and toast.

Trois entrées. Râble de lapin grillé sur polenta fumée en sauce au vin rouge; Sandre farci aux légumes et sauce au safran; Bouquet de salade sur gelée au paprika accompagnée de mousse de foie d'oie et de pain grillé.

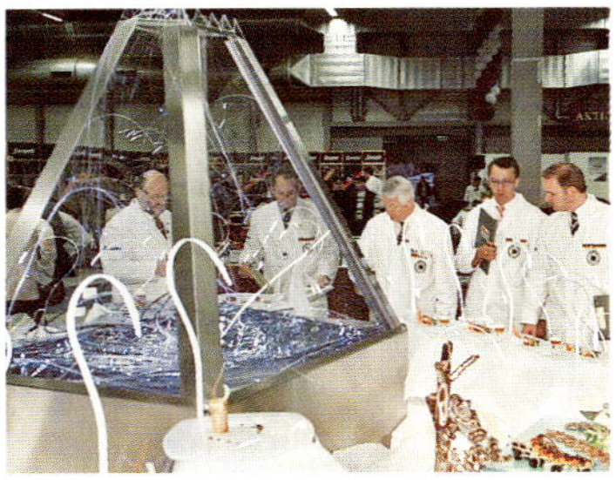

Drei Vorspeisen. Filet von Lachs mit Mousse in schwarzem Sesam; Lachsmosaik mit Heilbutt in Dill; Geräucherte Taucher-Kammmuschel und Lachs.

Three Appetizers. Fillet of salmon, with mousse in black sesame seeds; Salmon mosaic with halibut in dill; Smoked diver scallops and salmon.

Trois entrées. Filet de saumon à la mousse en sésame noire; Mosaïque de saumon et flétan à l'aneth; Assortiment de coquillages et de saumon fumé.

Drei von sechs Vorspeisen. Gemüse im Oliven-Kräutergelee, mediterraner Baumkuchen, Feta, Safran-Brik-Teig, Gazpacho-Sauce, Basilikumöl; Kaninchen- und Rehfilet im Pilzcrêpe, Nusskroketten und warme Holunder-Gin-Sauce; Harmonie von Krebsen, Fischen und Mangos, Krabbensäckchen mit Korianderglace und angeräuchertem Thunfisch, Muscheln-Algen-Salat, Ingwer-Wásabi-Sauce.

Three of Six Appetizers. Vegetables in olive herb vinaigrette, Mediterranean pyramid cake, feta cheese, saffron-brik pastry, gazpacho-sauce, basilic oil; Loin of rabbit and venison in mushroom-crêpe, nut croquettes and warm elderberry-gin-sauce; Harmony of crawfish, fishes, and mangos, prawn sac with coriander glace and smoked tuna, mussel algae salad, Ginger-wásabi-sauce.

Trois entrées parmi six. Légumes en gelée d'olives aux herbes, pièce montée de la méditerranée, feta, feuille de brik au safran, sauce gazpacho, huile au basilic; Filet de lapin et de chevreuil en crêpe aux champignons, croquettes de noix et sauce chaude au sureau et au gin; Harmonie d'écrevisses, de poissons et de mangues, sachet de crabe sur glace à la coriandre et thon fumé, salade de coquillages et d'algues, sauce au gingembre et sauce wásabi.

Drei Vorspeisen. Savarin von Reh und Pilzen im Preiselbeersud mit kleinem Kräuterbukett; Salat von der Wachtel mit Berberitzen-Vinaigrette; Feines vom Kaninchen mit Radiesle-Vinaigrette (Tränen von Mousse, Sülze und Parfait).

Three Appetizers. Savarin of venison and mushrooms with cranberry stock and small herb bouquet; Salad of quail with berberis-vinaigrette; Best of rabbit with radish-vinaigrette (tears of mousse, brawn, and parfait).

Trois entrées. Savarin de chevreuil et de champignons en ébullition d'airelles et petit bouquet d'herbes; Salade de caille et vinaigrette à l'épine-vinette; Sélection de lapin et vinaigrette aux radis roses (larmes de mousse, fromage de tête et parfait).

Sechs Vorspeisen. Getrocknete rohe Ahi-Thunfischlende mit Mascarpone in weingereiften Roma-Tomaten; Baby-Tintenfisch; Gegrillte Fingerling-Kartoffeln, Salat; Anaheim-Paprika, gefüllt mit geröstetem Knoblauch und Ziegenkäse; Kleines Ratatouille; Mit Chili und Tamarinde überkrustete Consommé, Garnelen-Eier, überbackener Fenchel, Risotto mit Körnern.

Six Appetizers. Seared rare ahi tuna loin with mascarpone in a vine-ripened Roma tomato; Baby octopus; Grilled fingerling potatoes, salad; Anaheim pepper stuffed with roasted garlic and goat cheese; Grilled baby vegetable ratatouille; Chili and tamarind crusted consommé, prawn eggs, toasted fennel, seed risotto.

Six entrées. Filets de thon Ahi grillés bleus à la mascarpone dans tomate Roma mûrie au vin; Bébé pieuvre; Frites de pommes de terre grillées, salade; Poivre d'Anaheim farci à l'ail rôti sur fromage de chèvre; Ratatouille de petits légumes grillés; consommé de crustacés au piment rouge et au tamarin, œufs aux crevettes, fenouil grillé, risotto au carvi.

Drei Vorspeisen. Gebeizte Perlhuhnbrust, glacierte Wachtelkeule und gebratene Entenbrust; Steinbuttfilet mit Lachsfüllung auf Safransauce, Hummerschwanz auf Kräutersauce mit Spargelsalat; Vegetarischer Vorspeisenteller; Grießklößchen, Mini-Taco mit Avocadocreme, Morchel mit Tofufüllung, Kartoffelbällchen, Gemüse in der Teigblüte.

Three Appetizers. Marinated breast of guinea fowl, glazed leg of quail and fried duckling breast; Fillet of turbot with salmon stuffing on saffron sauce, lobster tail on herb sauce with asparagus salad; Vegetarian hors-d'oeuvre platter; Semolina dumplings, mini taco with avocado cream, morel with tofu stuffing, potato dumplings, vegetable in a dough blossom.

Trois entrées. Suprême de pintade mariné, cuisse de caille glacée et magrets de canard rôtis; Filet de turbot à la farce de saumon sur sauce safran, queue de homard sur sauce aux fines herbes, salade d'asperges; Plat végétarien; Boulettes de semoule, mini taco à la crème d'avocats, morille à la farce de tofu, noques de pommes de terre, légumes en fleur.

Drei von sechs Vorspeisen. Feinschmecker-Cassoulet mit Safransud und Tomaten; Milz- und Leberparfait-Schnitte auf Safranjaponaise mit Aprikosen-Estragon-Confit; Kombination von Taube und Stubenküken mit Kürbis-Sellerie-Püree.

Three of Six Appetizers. Gourmet-Cassoulet with saffron and tomatoes; Spleen- and liverparfait slice on saffron japonaise with apricot-tarragon confit; Combination of pigeon and chick with pumpkin-celery puree.

Trois entrées parmi six. Cassoulet du gourmet à l'ébullition de safran et aux tomates; Tranches de parfait de rate et de foie sur safran japonaise accompagnées de confit d'abricot à l'estragon; Composition de pigeon et de coquelet sur purée de citrouille et de céleri.

Drei Vorspeisen. Galantine von Fasan und Wildente, Salatbukett, Teiglöffel mit Cranberrie-Kompott; Kaninchenfilet mit Gemüse im Briocheteig, Nierchen und Kaninchenleber, Avocado-Orangen-Salat; Wolfsbarschfilet, in der Haut pochiert, Rotbarbe mit Hummer, Jakobsmuschel mit Garnele im Zucchinimantel, Sardinenroulade, Kressesauce.

Three Appetizers. Galantine of pheasant and wild duck, salad bouquet, dough spoon with cranberry compote; Fillet of rabbit in brioche paste, kidneys and liver of rabbit, avocado and orange salad; Fillet of bass poached in its skin, red mullet with lobster, pilgrim scallop with prawn in a zucchini coat, sardine roll, cresse sauce.

Trois entrées. Galantine de faisan et canard sauvage, bouquet de salade, pâte à la cuillère, compote d'airelles rouges; Filet de lapin aux légumes à la pâte à brioche, rognons et foie de lapin, salade d'avocats et d'oranges; Filet de loup de mer poché en peau, rouget et homard, coquille Saint-Jacques et crevette en croûte de courgettes, roulade de sardines, sauce au cresson.

Kalte Snacks und Fingerfood. Cocktail von der Poulardenbrust mit Hummerkern in Portwein-Vinaigrette; Geräucherte Muschel und Krebsschwanz auf Spargelsalat in der Teigmuschel; Röllchen von Lachsforelle mit Avocadocreme und Teigsegel; Schinkenmousse auf Lauchtörtchen; Kaninchen- und Hasenrückenfilet im Sesammantel an Salatbukett.

Cold Snacks and Fingerfood. Cocktail from chicken breast with lobster centre in port-vinaigrette; Smoked mussel and crawfish tail on asparagus salad in pastry shell. Rolls of salmon trout with avocados cream and pastry sail; Ham mousse on leek tarte; Saddle of rabbit and hare fillets in sesame coating with salad bouquet.

Snacks froids et amuse-gueule. Cocktail de blanc de poulet au cœur de homard en vinaigrette au porto; Coquillages fumés et queues d'écrevisses sur salade d'asperges en moule de pâte; Petits rouleaux de truite saumonée à la crème d'avocats en voile de pâte; Mousse de jambon sur tartelettes aux poireaux; Filet de lapin et de lièvre en manteau de sésame et bouquet de salade.

Feierlichkeiten für Mädchen. Pastete von Rinderzunge und Poularde; Kalbsbries; Gänseleber und Taro-Kartoffeln; Frische Meeresfrüchte in Gelee; Vereinigung von zwei verschiedenen süßen Kartoffeln.

Celebration for Girls. Pasty of beef tongue and chicken; Sweetbread; Goose liver and Taro potatoes; Fresh seafood in jelly; Two kinds of sweet potatoes ensemble.

Cérémonie pour filles. Pâté en croûte de langue de bœuf et de poulet; Ris de veau; Foie d'oie et tubercules de taro; Fruits de mer frais en gelée; Deux arrangements de patates douces.

Fingerfood, warm. Kaninchenrücken in Sesamkruste, süße Sojaglace und frittierter Estragon; Hausgemachte Blutwurst mit Pistazien und getrockneten Früchten.

Warm Fingerfood. Saddle of rabbit in a sesame crust, sweet soya glace and fried tarragon; Home made blood sausage with pistachios and dried fruit.

Amuse-gueule chauds. Selle de lapin en croûte au sésame, glace au soja sucrée et estragon frit; Boudin maison aux pistaches et fruits secs.

Fingerfood, kalt. Lachs auf Schwarzbrottorte; Hasenrücken mit Kornelkirschenfüllung; Entenleberschaum; Rosmarin-Fasanen-Spieß; Thunfisch, in englischem Senf gebeizt; Minzsauce; Johannisbeersauce.

Cold Fingerfood. Salmon on a black bread tarte; Saddle of hare with cornelian cherry stuffing; Duck liver parfait; Rosemary pheasant skewer; Tuna with English mustard; Mint sauce; Red currant sauce.

Amuse-gueule froids. Saumon sur gâteau de pain noir; Râble de lapin et farce aux cornouilles; Mousse de foie de canard; Brochette de faisan au romarin; Thon mariné dans la moutarde anglaise; Sauce à la menthe; Sauce aux groseilles.

Culinary Team Alberta

Kalte Tapas. Ahi-Tempura-Thunfisch mit tropischer Mango- und Tomatensauce; Mini-Bagel-Sandwich mit Tofu, mit Tanduri mariniert, Jalapeno-Paprika und Kräuterbutter; Rosette von Tomaten; Avocadostücke und Ziegenkäse; Gemischte Bohnensauce; Entenpastete mit Pistazien und rotem Paprika, Burgunderweingelee; Galantine vom Kaninchen, gewickelt in Parmaschinken, mit Espresso bestäubte Biscotti, Espressosauce.

Cold Tapas. Ahi tempura tuna with a tropical mango- and tomato-salsa; Mini-bagel-sandwiches with Tandoori marinated tofu, Jalapeno pepper and herbed butter spread; A pinwheel nacho of tomatoes; Avocado wedges and goat's cheese; Mixed-bean-salsa; Duck pâté en croûte with pistachios and red pepper, Burgundy wine jelly; Rabbit galantine wrapped in Parma ham, espresso-dusted biscotti, espresso sauce.

Amuse-gueule froids. Thon Ahi tempura et farandole tropicale de mangue et de tomate; Sandwiches en mini rouleau (bagel) au tofu mariné tandoori, poivre de Jalapa et beurre aux herbes; Mille-feuilles nacho aux tomates, parts d'avocats et fromage de chèvre, farandole de haricots mélangés; Pâté en croûte de canard aux pistaches et poivre rouge, gelée de vin de Bourgogne; Galantine de lapin dans jambon de Parme, biscuits saupoudrés d'espresso, sauce espresso.

Fingerfood von Land und See. Gelee von Kraftbrühe mit Kalbsschwanz und Trüffel; Gepfefferte Früchte in Sangria-Sirup; Mit Sherry marinierter Barsch mit Kräutermousse und süß-saurem Gemüse; Gurkenkissen mit Salat von Jicama; Safraneierstich in würziger Sauce.

Fingerfood from Land and Sea. Jelly of calf's tail consommé and truffle; Peppered fruits in sangria-syrup; With sherry marinated perch with herb mousse and sweet and sour vegetables; Cushion of cucumber with salad of Jicama; Saffron royale in spicy sauce.

Amuse-gueule marins et terrestres. Consommé en gelée à la queue de veau et aux truffes; Fruits poivrés en sirop de sangria; Bar mariné dans le xérès sur mousse aux herbes et légumes aigre-douce; Coussins de concombre et salade de jicama; Œufs au safran en sauce épicée.

PALUX Topline
PALUX

VERBAND DER KÖCHE DEUTSCHLANDS e.V.

Vorspeisenteller. Potaufeu vom Lamm mit Kalbsmilcherwürstchen und Gemüsen; Mit Ingwer geräucherter Gravlax mit Fenchelsalat; Geräucherter Lachs, Terrine von Spargelsalat und Senfsauce.

Plated appetizers. Pot au feu of lamb with sweetbread sausage and vegetables; Ginger cured gravlax with fennel salad; Smoked Salmon terrine on asparagus salad with mustard sauce.

Entrées garnies. Pot-au-feu d'agneau à la saucisse de ris et légumes; Gravlax et salade de fenouil; Terrine de saumon fumé sur salade d'asperges en sauce moutarde.

Fingerfood, warm und kalt. Warme Platte: Gemüsespieß, Speckknödel auf Kürbiskraut, Linquini-Körbchen mit gebeiztem Lachs, Kalbsrouladen mit Kaperndip, Flusskrebsschwänze; Kalte Platte: Gänsesülzchen, Seezungen-Basilikum-Terrine, Pilztörtchen, Tomatenmousse, Spargelmoussetütchen.

Warm and Cold Fingerfood. Warm platter: Vegetable skewer; Lard dumpling on pumpkin cabbage, linquini basket with marinated salmon, rolled slice of veal with caper dip, crawfish tails; Cold platter: Goose brawn, sole basil terrine, mushroom timbale, tomato mousse, bags of asparagus mousse.

Amuse-gueule chauds et froids. Plateau chaud: Brochettes de légumes, boulettes de lard sur citrouille aux herbes, corbeilles de linquini au saumon mariné, roulades de veau aux câpres, queues d'écrevisses de rivière; Plateau froid; Oie en gelée, terrine de sole au basilic, tartelettes aux champignons, mousse de tomates, tartelettes à la mousse d'asperges.

Fünf warme Fingerfoods. Wachtelbrust mit Steinpilzmaultaschen in Waldpilz-Wild-Essenz; Seebarschfilet auf Kartoffelpüree mit Tomaten- und Sojaglasur; Falafel mit scharf gewürztem Gemüse und Basilikum-Kichererbsen-Pesto; Guinness und Austern-Cappuccino mit Trüffel- und Liebstöckel-Chutney; Huhn- und Jalapeño-Schoten mit Kaktus-Mais-Sauce.

Five warm Fingerfoods. Breast of quail with flat mushroom ravioli in a essence of wild mushrooms; Fillet of bass on mashed potato with tomato and soya glaze; Falafel with hot spiced vegetables and basil chickpea-pesto; Guinness and oyster cappuccino with truffle and lovage-chutney; Chicken- and Jalapeño pods with cactus sweet corn sauce.

Cinq amuse-gueule chauds. Blanc de caille et ravioles de cèpes au fumet de champignons sylvestres; Filet de loup de mer sur purée de pommes de terre aux tomates et glaçage de soja; Falafel aux légumes très épicés et pistou de basilic et de pois chiches; Guinness et cappuccino d'huîtres aux truffes et au chutney de livèche; Poule et gousses de jalapeños en sauce au cactus et au maïs.

Tsukio Nakahara

Moderne japanische Vorspeisen. Mariniertes Lachsgelee; Gefüllte Tintenfische; Gedämpfter Plattfisch und Lachsforelle.

Modern Japanese Appetizers. Marinated salmon jelly; Stuffed squid; Steamed flatfish and salmon trout.

Entrées japonaises modernes. Gelée de saumon mariné; Calmar farci; Poisson plat à l'étuvée et truite saumonée.

Fingerfood. Biskuit mit Käse und Parmesan-Häubchen; Bruschetta mit Entenroulade, Joghurtsauce; Tomaten-Basilikum-Galantine mit Safrankrokant und Zwiebelchen; Tomaten-Hamburger mit Lattich; Teigschnitte mit Radicchio aus Verona.

Fingerfood. Biscuit with parmesan topping; Bruschetta with duck roll, yoghurt sauce; Tomato-basil galantine with saffron praline and onions, Hamburger with tomato with lettuce; Pastry bag with radicchio from Verona.

Amuse-gueule. Biscuit au fromage et bonnet de parmesan; Bruschetta et roulade de canard, sauce au yaourt; galantine aux tomates et au basilic, croquant de safran et petits oignons; Hamburger aux tomates à la laitue; Tranches de pâte et petits radis de Vérone.

Kleine warme Pikanterien zum Empfang. Spießchen von Wachtel und warm geräucherter Entenbrust auf Kokos-Papaya-Sockel; Überbackene Jakobsmuschel auf Kohllöffel in provenzalischem Sud; Kürbis-Cannelloni in der Tempuraschleife; Gemüse-Flädle-Torte; Roulade vom Stubenküken im Kartoffelteig.

Small Warm Appetizers for a Reception. Skewer of quail and warm duck breast on coconut-papaya-base; Browned on top pilgrim scallops on cabbage spoons in Provençal stock; Pumpkin-cannelloni in a tempura bow; Vegetable-celestine tarte; Roulade of chic in a potato dough.

Petites notes épicées chaudes pour réception. Petites brochettes de caille et de blanc de canard fumé à chaud sur piédestal de noix de coco et de papaye; Coquilles Saint-Jacques gratinées sur cuillerée de chou en décoction provençale; Cannelloni de citrouille en chou de tempura; Gâteau de crêpes aux légumes; Roulade de coquelet en pâte de pommes de terre.

INTERNATIONALE
KOCHKUNST-
AUSSTELLUNG
OLYMPIADE DER KÖCHE
Felice Chiaparino

Drei Fingerfoods. Mousse von Lachs und Zander auf weißem Tomatenschaum mit Zucchini-Carpaccio; Hummerpraline mit Fenchel und grünem Spargel; Merlan-Roulade auf Gemüsesalat mit Kartoffel-Mille-Feuille und Kräuter-Aioli.

Three Fingerfoods. Mousse of salmon and pike-perch on white tomato-foam with courgettes carpaccio; Lobster praliné with fennel and green asparagus; Roulade of whiting on vegetable salad with potato millefeuille and herb ailloli.

Trois amuse-gueule. Mousse de saumon et de sandre sur mousse blanche de tomates et carpaccio de courgettes; Crotte de homard au fenouil et à l'asperge verte; Roulade de merlan sur salade aux légumes, mille-feuille de pommes de terre et aïoli aux fines herbes.

Kleine kalte Pikanterien zum Empfang. Sprossensülze im Paprikamantel; Weißes Tomatenmousse auf Brikteig; Tortilla-Cornet mit warm marinierten Gemüsen und Krebsen; Räucherlachstörtchen auf Zucchini; Entenleber-Creme mit Apfel im Baumkuchen.

Small cold Appetizers for a Reception. Brawn of mungo sprouts in a pepper coating; White tomato mousse on brik pastry; Tortilla cornet with warm marinated vegetables and crawfish; Smoked salmon tarte on courgettes; Duck liver cream with apple in pyramid cake.

Petites notes épicées froides pour réception. Gelée de jeunes pousses en manteau de poivron; Mousse blanche de tomates sur feuille de brik; Cornet de tortilla aux légumes marinés à chaud et aux écrevisses; Tartelettes de saumon fumé sur courgettes; Crème de foie de canard et pommes en pièce montée.

Team Rheinland-Pfalz

Drei Fingerfoods. Kalbsbriesstrudel auf Kürbisschiffchen; Reiskrusteln und Flusskrebse auf Zitronengrasspieß; Gefüllte Jakobsmuschel auf Polentasockel.

Three Fingerfoods. Strudel of sweetbread on a pumpkin ship; Rice balls and crawfish on lemongrass skewer; Stuffed pilgrim scallops on a polenta base.

Trois amuse-gueule. Chausson de ris de veau sur navette de citrouille; Croûte de riz et écrevisses de rivière en brochette à la citronnelle; Coquilles Saint-Jacques farcies sur piédestal de polenta.

Fingerfood, kalt. Gewürzter „Taco"-Lachs, mit Kräutern glasierter Mais und Früchtesauce; Kamtschatka-Krabbe mit in Safran pochierter Jicama-Wurzel.

Cold Fingerfood. Spiced "Taco" salmon with herb glazed corn and fruit salsa; Kamchatka Crab in saffron poached jicama root.

Amuse-gueule froids. «Taco» de saumon aux épices et farandole de graines et de fruits glacés aux herbes; Crabe du Kamtchatka et racine de jicama pochée au safran.

Fingerfood, kalt. Geeister Fischfumet mit Isländer Kammmuscheln und Zitronengras; Tomaten mit Avocadocreme; Norwegische Krabben und Petersilienöl.

Cold Fingerfood. Chilled fish fumet with Iceland scallops and lemongrass; Tomato with avocado mousse; Norwegian prawns and parsley oil.

Amuse-gueule froids. Fumet de poisson froid et coquilles Saint-Jacques d'Islande à la citronnelle; Tomates à la crème d'avocats; Crevettes de Norvège et huile de persil.

Warme Fingerfoods. Gedämpfter weißer Rettich und gewürzte Hähnchenroulade mit Spinat; Roter Glockenpaprika und Zucchini; Pilz-Kraftbrühe mit Jerusalem-Artischocken und Gänseleberklöße.

Warm Fingerfood. Steamed white radish and spiced chicken roulade with spinach; Red bell pepper and courgettes; Mushrooms consommé with Jerusalem artichokes and goose liver dumplings.

Amuse-gueule chauds. Radis blanc à l'étuvée et roulade de poulet épicé aux épinards; Poivre rouge et courgettes; Consommé de champignons sur artichauts de Jérusalem et boulettes de foie d'oie.

Slovakia
Slowakei
PALUX

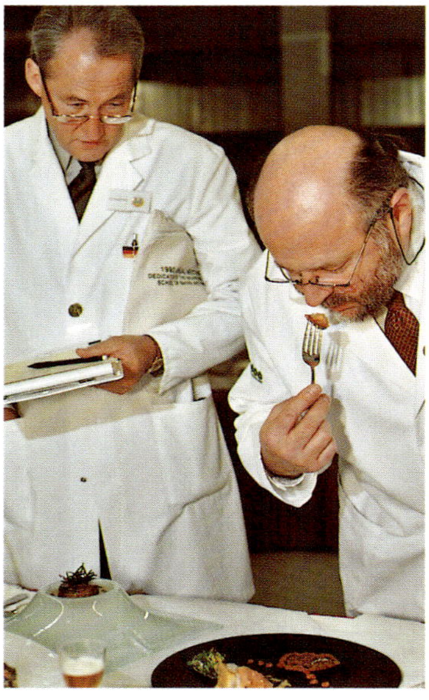

ALSCO

Fingerfood, kalt. Mit Mesquite geräucherter Hummerschwanz, Gurke und Spargel, Avocadosauce; Hummerrogen mit Sellerie und weiße Trüffelmousseline auf Artischocke mit Fenchel; Terrine von Süßmais und Hummer mit apfelholzgeräuchertem Speck.

Cold Fingerfood. With mesquite smoked lobster tail, cucumber and asparagus, avocado sauce; Roes of lobster with celery and white truffle mousseline on artichoke with fennel; Terrine of sweet corn with lobster and bacon cured with apple tree wood.

Amuse-gueule froids. Queue de homard fumé au mesquite, concombres et asperges, sauce à l'avocat; Œufs de homard au céleri et mousseline blanche de truffes sur artichauts au fenouil; Terrine de maïs doux et de homard et lard fumé au bois de pommier.

Fingerfood. Polentakruste mit Kresse; Reis, paniert mit Mandeln; Parmesan-Topf mit warmer Hasensauce; Frittierte Fischspießchen; Gäbelchen mit Tintenfisch, Kürbis und Krebsen.

Fingerfood. Polenta crust with cress; Rice crumbed with almonds; Parmesan pot with warm hare sauce; Fried fish skewer; Fork with squid, pumpkins and crawfish.

Amuse-gueule. Croûte de polenta au cresson; Riz pané aux amandes; Marmite de parmesan et sauce chaude de lièvre; Petites brochettes de poisson frites; Petites fourchettées de seiche à la citrouille et aux écrevisses.

Fingerfood, warm. „Yukon-Gold"-Kartoffeln, Chorizo, Fave-Bohnen und Manila-Venusmuscheln-Ragout; Garnele „Süd-Miami" Safran-Vinaigrette und gerösteter Knoblauch; „Texas"-Kaninchen-Pastetchen mit Madeiraglace.

Warm Fingerfood. "Yukon Gold" potatoes, chorizo, stew of fava beans with Manila Venus shell; Shrimps "South Miami", saffron vinaigrette and roasted garlic; "Texas" rabbit vol au vent with madeira jelly.

Amuse-gueule chauds. Pommes de terre «or du Yukon», chorizo, fèves et ragoût de praires de Manille; Crevettes «Sud Miami», vinaigrette au safran et ail grillé; Petits pâtés de lapin «Texas» et glace au madère.

Fingerfood und Tapas. Pilz-Spargel-Flan mit Kichererbsen-Karotten-Salsa; Jakobsmuscheln und Gemüse mit Pesto-Öl; Filotasche in Hoi-Sin-Sauce; Lachs-Krabben-Rissole mit Zitronen-Chutney; Minz-Lamm „Wellington" mit Aioli-Sauce; Hummer-Seegras-Rilletten; Wachtelballotine mit Rote-Bete-Salbei-Kompott; Käsetorte mit Walnüssen und Trauben; Honig-Gemüse-Pfannkuchen mit Avocado-Dip; Sesam-Austern mit Limetten-Dill-Creme.

Fingerfood and Tapas. Mushroom asparagus soufflé with chickpea-carrot-salsa; Pilgrim scallops and vegetable kebab with pesto oil; Filobag with beef in Hoi-Sin-Sauce; Salmon prawn rissole with lemon chutney; Mint-lamb "Wellington" with aioli sauce; Lobster seagrass rillettes; Ballotine of quail with beet root sage compote; Cheese layer tarte with walnuts and grapes; Honey vegetable-pancake with avocado-dip; Sesame-oysters with lime-dill-cream.

Amuse-gueule et tapas. Flan aux champignons et aux asperges sur farandole de pois chiches et de carottes; Coquilles Saint-Jacques et légumes à l'huile de pistou; Poche en sauce hoi-sin; rissole de saumon et de crabe et chutney au citron; Agneau à la menthe «Wellington» et sauce aïoli; Rillettes de homard et de crin marin; Ballottine de caille et compote de betteraves rouges et de sauge; Tarte au fromage aux noix et raisins; Galette au miel et aux légumes garnie d'avocats; Huîtres au sésame sur crème de citron vert à l'aneth.

Fingerfood, warm. Geräucherte Wachtel, Balsamico-Feigen-Konfitüre auf Brioche-Toast; Kleine Jakobsmuschel in geräuchertem Lachs; Corailglasur und Kaviar.

Warm Fingerfood. Smoked quail, balsamic-fig jam on brioche toast; Small pilgrim scallops in smoked salmon; Corail glace and caviar.

Amuse-gueule chauds. Caille fumée, confiture de figues au vinaigre balsamique sur brioche grillée; Petites coquilles Saint-Jacques sur saumon fumé; Glaçage de corail et caviar.

Manfred Hölzl

Vegetarische Platte ovo-lacto-vegetabil.

Vegetarian platter Ovo-Lacto-Vegetal.

Plateau végétarien œufs-laitages-végétal.

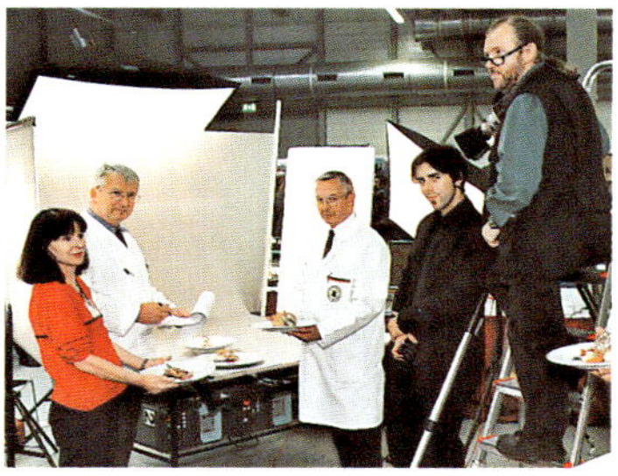

Vegetarische Platte.

Vegetarian Platter.

Plateau végétarien.

Vegetarische Platte. Mosaik aus Gemse und Couscous mit einer Bohnenkasserolle; Paprika-Zucchini-Törtchen; Knusprige Frühlingsrolle; Karotten mit Zitrone; Spargel mit Sabayon; Lauchscheiben; Kümmel-Karotten-Sauce.

Vegetarian Platter. Mosaic from chamois and couscous with a bean casserole; Pepper courgette tarte; Crispy springroll; Carrots with lemon; Asparagus with sabayon; Leek slices; Caraway-carrot sauce.

Plateau végétarien. Mosaïque de légumes et de couscous, marmite de haricots; Tartelettes aux poivrons et aux courgettes; Rouleaux de printemps croustillants; Carottes au citron; Asperges au sabayon; Tranches de poireaux; Sauce au cumin et aux carottes.

Tsukio Nakahara

Moderne japanische Vorspeisen. Mousse mit Shrimps; Eier in Aspik mit Krebsfleisch; Austern-Terrine.

Modern Japanese Appetizers. Mousse with shrimps; Aspic egg and crawfish; Oyster-terrine.

Entrées japonaises modernes. Mousse de crevettes grises; Œuf en aspic et langouste; Terrine d'huîtres.

Schauplatte. Marinierter Lachs mit Heuschreckenkrebs; Tintenfisch und Polyp mit Bohnen in Aspik; Terrine mit Krebs, Meeresfrüchten und grünem Spargel; Zwiebelrolle mit Zucchini; Fenchel, mit Blumenkohl und rotem Pfeffer gefüllt.

Show Platter. Marinated salmon with squill; Cuttlefish and octopus with beans in jelly; Terrine of crawfish, seafood, and green asparagus; Onion roll with courgettes; Fennel stuffed with cauliflower and red pepper.

Plateau de présentation. Saumon mariné et mantes de mer; Aspic de seiche et de poulpe aux haricots; Terrine d'écrevisses, fruits de mer et asperges vertes; Rouleaux d'oignons aux courgettes; Fenouil farci au chou-fleur et au poivre rouge.

Alexander Forbes

Erlesenes aus Fluss und Meer. Zanderterrine, Seeteufelfilet natur; Seezunge mit Hummerkrabben, Lachsfilet und Red-Snapper-Filet, Gemüsegarnitur.

Selected Fish from River and Sea. Terrine of pikeperch, plain angler fillet; Sole with king prawns; Fillet of salmon and red snapper, garnitures of vegetables.

Grande sélection des fleuves et des mers. Terrine de sandre, filet de lotte nature; Sole au homard et au crabe; Filet de saumon et de vivaneau rouge, garniture de légumes.

Kalte Platte mit Süßwasserfischen. Sterletmedaillons mit Rogen, Zanderfilet mit Trüffel und Hirschschinken, geräucherter Wels und Paprikawels; Forellenfilet mit Flußkrebsfleisch; Waldpilzmosaik, Tomaten, Salat und Gemüse.

Cold Platter with Freshwater Fish. Sterlet medallions with roe, fillet of pikeperch with truffle and deer ham, smoked silurid and pepper silurid; Fillet of trout with crawfish; Mosaic of forrest mushrooms, tomato, salad and vegetables.

Plateau froid de poissons d'eaux douce. Médaillons de sterlet aux œufs, filet de sandre aux truffes et au jambon de cerf, poisson-chat fumé et poisson-chat aux poivrons; Filet de truite aux écrevisses de rivière; Mosaïque de champignons sylvestres, tomates, salade et légumes.

POLISH
NATIONAL
YOUTH
TEAM

Olympiade
der
Pâtiss

OLYMPIADE DER KÖCHE
Terri Borge

USA

Festliche Platte aus Fluss und Meer.

Festive Platter from River and Sea.

Plateau de fête des fleuves et des mers.

Fisch- und Meeresfrüchteplatte. Jakobsmuschelterrine; Meeresfrüchtesalat, Lachs mit Heilbutt, Safranfarce; Rauchlachsterrine, Algengelee.

Fish and Seafood Platter. Terrine of pilgrim scallops; Sea fruit salad, salmon with halibut and saffron stuffing; Terrine of smoked salmon, seaweed jelly.

Plateau de poissons et de fruits de mer. Terrine de coquilles Saint-Jacques; Salade de fruits de mer, saumon au flétan, farce au safran; Terrine de saumon fumé, gelée d'algues.

Joachim Karsten

Festliche Fischplatte mit Salaten und Saucen.

Festive Fishplatter with Salads and Sauces.

Plateau de fête aux fruits de mer, salades et sauces.

Brian Walsh

Festliche Fischplatte.

Festive Platter.

Plateau de poisson de fête.

Festliche Seefischplatte. Thunfischfilet im Seezungenmantel mit Honig-Thai-Sauce; Lachsterrine mit Brokkoli und Safran, Gurken und Dill; Seeteufel in der Kräuterkruste mit Hummerroulade, Spargel, Salat und Gemüsepralinen.

Festive Seafishplatter. Tuna with a sole coat and honey-Thai sauce; Salmon terrine with broccoli and saffron, cucumber with dill; Angler in herbs crust with lobster roulade, asparagus, salad and vegetable-pralines.

Plateau festif de poissons de mer. Filet de thon dans son manteau de sole à la sauce thaï au miel; Terrine de saumon aux brocolis et au safran accompagnée de concombres et de l'aneth; Lotte en croûte aux herbes et roulade de homard, asperges, salade et crottes de légumes.

Mittelmeerplatte. Thunfisch im Teigmantel; Barschterrine; Krebsschwanzterrine; Heilbuttfilet; Gemüseganitur.

Mediterranean Platter. Tuna in a pastry coat; Terrine of sea-bass; Terrine of crawfish; Halibut garniture of vegetable.

Plateau méditerranéen. Thon dans son manteau de pâte; Terrine de bar; Terrine de queues d'écrevisses; Filet de flétan; Garniture de légumes.

Bitburger

Deutschland
Bitburger
Villeroy

Villeroy & Boch

VERBAND DER KOCHE DEUTSCHLANDS e.V.

Alfred Stumpel

Pazifik-Meeresfrüchte-Platte.

Pazific Seafood Platter.

Plateau de fruits de mer du Pacifique.

Festliche Platte. Lachsfilet mit Trüffel-Schalentier-Mosaik und Sellerie; Hummersalat mit Dill-Trüffelöl-Vinaigrette; Seeteufelfilet, in Shiitakepilze gewickelt; Timbale mit Krebs, Ingwer; Mais-Salsa-Dekoration; Salat mit Melone und Mango; Kräuter-Senf-Vinaigrette; Entenconfit mit Gänseleber in Wirsing; Kaninchenrücken mit Früchten im Schinkenmantel; Bunter Salat mit Ingwer-Honig-Koriander-Dressing.

Festive Platter. Fillet of salmon with a truffle shellfish mosaic; Salad of lobster with dill-truffleoil-vinaigrette; Angler fillet rolled in shiitake mushrooms; Timble from crab, ginger; Corn salsa decoration; Salad from melon and mango; Herb-mustard vinaigrette; Confit from duck with gooseliver and savoy-cabbage; Saddle of rabbit with fruit coating of ham; Mixed salad with ginger honey coriander dressing.

Plateau de fête. Filet de saumon au céleri sur mosaïque de truffes et de crustacés; Salade de homard en vinaigrette à l'huile d'aneth truffée; Filet de lotte enveloppé de champignons shii-take; Timbale d'écrevisse au gingembre; Farandole de maïs; Salade au melon et à la mangue; Vinaigrette à la moutarde et aux herbes; Confit de canard au foie d'oie dans chou de Milan; Râble de lapin aux fruits dans son manteau de jambon; Salade colorée assaisonnée au gingembre, miel et coriandre.

Mark Hill

Fisch-Schauplatte.

Fish Show Platter.

Plateau de présentation poissonnière.

Große Platte. Gefüllter Kanichenrücken mit Taubenparfait; Roulade von geräucherter Poularde; Terrine von gepresster marmorierter Gänseleber; Torte von Wiesenchampignons mit Pestospritze.

Big Platter. Stuffed saddle of rabbit with pigeon parfait; Roulade of smoked chicken; Pressed marbled terrine of seared foie gras; Tarte of field mushrooms with pesto infusion.

Grand plateau. Râble de lapin farci, parfait au pigeon; Roulade de poulet fumé; Terrine marbrée de foie gras grillé; Tarte aux champignons des prés à l'infusion de pistou.

Festliche Platte für 8 Personen. Gefüllter Wels mit Käse und Tomaten, Basilikum-Fenchel; Zanderfilet im Stör als gerauchte Roulade mit tourniertem Gemüse und grünem Spargel; Lachs in Paprika-Vinaigrette mit Dill und Krebssalat; Limetten- und Safransauce.

Festive Platter for 8 people. Filled silurid with cheese and tomato; Basil-fennel; Fillet of pike-perch in a smoked sturgeon roulade with formed vegetables and green asparagus; Salmon in a pepper vinaigrette with crawfish salad; Lime-and-saffron sauce.

Plateau de fête pour 8 personnes. Poisson-chat farci au fromage et aux tomates, fenouil au basilic; Filet de sandre et esturgeon en roulade fumée aux légumes revenus et asperges vertes; Saumon en vinaigrette au paprika, aneth et salade d'écrevisses; Sauce au citron vert et au safran.

Fisch-Büfettplatte. Wilder rotfleischiger Lachs, gekrönt mit frischen Kräutern und Scampi; Mosaik von Hummer, Shrimps, Lachs; Kabeljau, Mosaik von Makrele und Calamaris mit Paprika und Spinatmus; Terrine von geräuchertem Aal mit Pfifferlingen; Arktische Rotforelle, Terrine von schottischem Kabeljau; Lila und neue Kartoffeln mit Mayonnaise.

Fish Buffet Platter. Wild sockeye salmon crowned with fresh herbs and scampi; Mosaic of lobster, shrimps, salmon; Cod, mackerel and calamari mosaic with pimiento and spinach mousse; Smoked eel and chantarelle mushroom terrine; Arctic char, Scotch cod terrine; Purple and new potatoes with mayonnaise.

Plateau-buffet de poissons. Saumon rouge sauvage du Pacifique couronné d'herbes fraîches et de queues d'écrevisses; Homard, crevettes grises, saumon; Cabillaud, mosaïque de maquereau et calamar au piment sur mousse d'épinards; Anguille fumée et terrine de chanterelles; Omble de l'Arctique, terrine de cabillaud d'Écosse; Pommes de terre roses et nouvelles à la mayonnaise.

PALUX Topline. Sieger nach Punkten.
Top in Technik und Konzept.

Germany
Deutschland

PALUX
Olympisch gut!

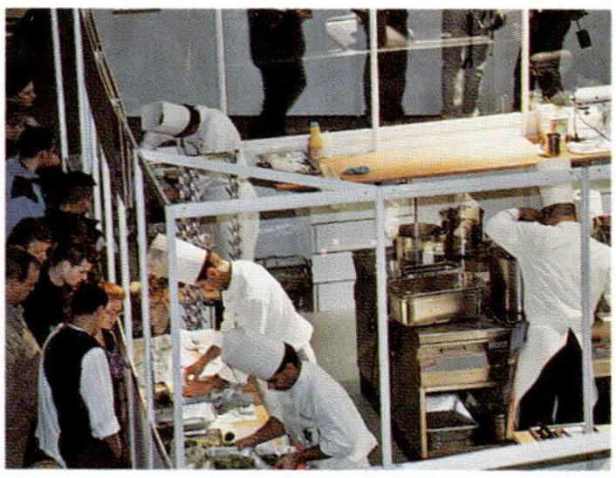

ALSCO

Fischerplatte. Avocado und Seebarsch-Safran-Terrine mit Champignons, Gemüse-Nilbarsch-Füllung; mit Kammmuschelschaum gefüllte marinierte schwarze Muscheln; Thunfisch-Shrimps-Lachs-Roulade.

Fisherman's Platter. Avocado and sea bass-saffron terrine with mushrooms, vegetable-nile perch filling; Scallops mousseline filled with marinated black mussels; Tuna-shrimps-salmon-roulade.

Plateau du pêcheur. Avocat et terrine de loup de mer et de safran aux champignons, farce de légumes et de perche du Nil; Mousseline de coquilles Saint-Jacques farcie aux moules marinées; Roulade de thon, de crevettes grises et de saumon.

Chef-Team Alassio

Kalte festliche Platte. Lachs in Dill-Sesam-Kruste, Hechtschaum mit Gemüse; Salat von Shrimps, Muscheln, Früchten und Gemüsen; Meeresfrüchte in Gelee; Gefüllter Aal.

Festive Cold Platter. Salmon in a dill sesame crust, pike mousse with vegetable; Salad of shrimps, mussels fruits, and vegetables; Seafood in jelly; Filled eel.

Plateau de fête froid. Saumon en croûte d'aneth et de sésame, mousse de brochet aux légumes; Salade de crevettes grises, coquillages, fruits et légumes; Fruits de mer en gelée; Anguille farcie.

Fischvariationen. Marinierter Wildlachs im Kokosmantel; Pochierter Stör mit Agrumenblättchen; Aspik vom Tintenfisch im Wirsingmantel; Meeresspinne, Muscheln.

Varieties of Fish. Marinated wild salmon in a coconut crust; Poached sturgeon with citrus leaves; Jelly of squid in Savoy cabbage; Sea spider, mussels.

Variations de fruits de mer. Saumon sauvage mariné dans son manteau à la noix de coco; Esturgeon poché et lamelles d'agrumes; Aspic de seiche dans son manteau de chou de Milan; Araignée de mer, coquillages.

Celestino Giacomella

Fischplatte „Privileg von Veneziano".

Seafood Buffet Platter "Privilege of Veneziano".

Plateau de fruits de mer «Privilège de Veneziano».

Ein Sprung ins blaue Wasser. Limonenfischterrine mit Krebsen; Mit Himbeeressig marinierte Störfischschnitte und Zitrusfrüchte; Gedämpfte „Mazzancolle"; Geräucherte Fischsalami mit Trüffeln aus Urbino; Gefüllte Zucchini mit Hülsenfrüchten; Exotische Früchte.

A Jump into the Blue Water. Terrine of lemon fish with crawfish; With raspberry vinegar marinated sturgeon steak and citrus fruits; Steamed "Mazzancolle"; Smoked fish salami with truffles from Urbino; Stuffed courgettes with pulse; Exotic fruits.

Saut dans la grande bleue. Terrine de poisson au citron et écrevisses; Découpes d'esturgeon marinées au vinaigre de framboises et agrumes; «Mazzancolle» à l'étuvée; Saucisson de poisson fumé aux truffes d'Urbino; Courgette farcie aux légumes secs; Fruits exotiques.

Culinary Team Ontario

Büfettplatte „Inspiration aus den kanadischen Wassern". Filet vom Neufundlandhummer mit Heilbuttfilet; Lachsmousserouladen mit Lauch; Terrine vom Thunfisch mit Sushi-Reis und Sesam; Zitronengrasspieß mit Lachs.

Buffet Platter "Inspiration of the Canadian Waters". Fillets of the Newfoundland lobster with fillets of halibut; Rolls of salmon mousse with leek; Terrine of tuna with sushi rice and sesame; Lemongrass broach with salmon.

Plateau-buffet «Inspiration des eaux canadiennes». Filets de homard de Terre-Neuve au flétan; Roulade de mousse de saumon aux poireaux; Terrine de thon au riz sushi et au sésame; Brochette à la citronnelle et au saumon.

Köstritzer

Electrolux

Boch

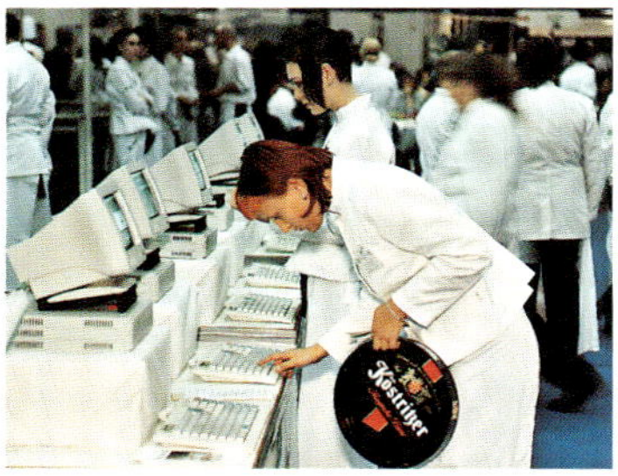
Köstritzer

Fischplatte. Seebarsch und Thunfischvariationen.

Fish Platter. Sea perch and tuna varieties.

Plateau de poissons. Loup de mer et variations de thon.

Festliche Platte vom Mälarsee. Lachsmedaillons mit Pfeffer, Blätterteigring mit Salaten und Sprossen, Gurken in Dilljoghurt; Krebs-Zander-Roulade im Chinakohl auf marinierten Schwarzwurzeln; Lachsterrine mit Pfifferlingen und Zanderkern, Gemüse der Saison; Kräutervinaigrette, Zitronenmayonnaise.

Festive Platter from the Lake Mälar. Salmon medallions with pepper, ring of puffed pastry with salads and sprouts, cucumbers in dill yoghurt; Crawfish-pike-perch roulade on marinated black salsify; Salmon terrine with chanterelles and a pike-perch centre; Vegetables of the season; Herb vinaigrette, lemon mayonnaise.

Plateau de fête de «Mälarsee». Médaillons de saumon au poivre, anneaux de feuilleté et salade aux jeunes pousses, concombre au yaourt à l'aneth; Roulade d'écrevisses et de sandre en chou de Chine sur salsifis marinés; Terrine de saumon aux girolles et cœur de sandre, légumes de saison; Vinaigrette aux herbes, mayonnaise au citron.

Festliche Platte. Gebratener Lachs in Mandelhülle, gefüllt mit Erbsen; Hummer in Rollenform mit Corail und Hummerscheren; Mit Tomaten und mit Basilikum gespickter Zander; Gelbe Paprika-Crêpes mit Frischkäse; Pilzterrine mit Kürbis; Zitronenmarinierte Avocado mit Wasabi.

Festive Platter. Roasted salmon in an almond coat filled with peas; Lobster roll with corail and lobster claws; Tomato- and basil larded pike-perch; Yellow pepper-crêpes with fresh cheese; Mushroom-terrine with pumpkin lemon marinated avocado-pear with wasabi.

Plateau de fête. Saumon grillé enveloppé d'amandes et farci aux petits pois; Rouleau de homard au corail et pinces, tomates et sandre bardé de basilic; Crêpes de poivron jaune au fromage frais; Terrine de champignons à la citrouille, avocat mariné au citron sur pain suédois.

Rick Potter

Fischplatte. Lachs- und Forellenplatte.

Fish platter. Salmon and trout platter.

Plateau de poisson. Plateau de saumon et de truite.

Der Atlantikfang. Ballotine von Seebrasse mit Nori, Spinatmousse und Dill; Garnelen in Sauternes-Terrine mit Safran und Trüffel; Trilogie von mariniertem Atlantikfisch; Scheren aus dem Atlantik; Saisonale Gemüse.

"The Catch of the Atlantic." Ballotine of sea bream with nori, spinach-mousse and dill; Prawns dipped in sauternes en terrine with saffron and truffles; Trilogy of marinated fish from Atlantic; Claws of the Ozean; Seasonal vegetables.

«Une prise de l'Atlantique.» Ballottine de dorade au nori, mousse d'épinards et aneth; Crevettes au sauternes en terrine safranée et truffée; Trilogie de poissons de l'Atlantique marinés; Pinces de l'Atlantique; Légumes de saison.

Gyula Ortó

Schauplatte für 8 Personen. Bunte Fischplatte mit Gemüse.

Show Platter for 8 People. Colourful fish platter with vegetables.

Plateau de présentation pour 8 personnes. Plateau multicolore de poisson aux légumes.

VERBAND DER KÖCHE DEUTSCHLANDS e.V.

Platte für 8 Personen. Edelfische, geräuchertes Rehrückenfilet, Putenbrustmosaik; Pastete von Zander in seiner Haut.

Platter for 8 People. Variety of fishes, smoked saddle of venison, mosaic of turkey breast; Pâté from pike-perch in its skin.

Plateau pour 8 personnes. Poissons fins, filet de selle de chevreuil fumée, mosaïque de blanc de dinde; Pâté de sandre dans sa peau.

Platte für 8 Personen „California Pacific Coast". Hummer- und Tintenfisch-Variationen.

Platter for 8 People "California Pacific Coast". Variety of lobster and squid.

Plateau pour 8 personnes «California Pacific Coast». Variations de homard et de seiche.

Restaurationsplatten und Menüs

Restaurant Platters and Menus

Plats de restauration et menus

Asiatische Geflügelplatte für zwei Personen. Geflügelgalantine mit Kurkuma-Mousseline und Krevetten, Cashewnüsse; Rotbarbenfilet; Asiatische Gemüsemischung; Gemüsebananen und glasierter Chinakohl; Topinamburchips.

Asia Poultry Platter for Two People. Galantine with curcuma-mousseline and shrimps; Cashew nuts; Fillet of red mullet; Mixed Asian Vegetables; Vegetable bananas and glazed Chinese cabbage; Chips of Jerusalem artichokes.

Plat de volailles asiatique pour deux personnes. Galantine de volaille aux mousseline de curcuma, crevettes et des noix de cajou; Filet de rouget-barbet; Mélange de légumes asiatique; Planteins et chou chinois glacés; Chips de topinambours.

Wildtruthahnplatte. Gefüllter Truthahnflügel, Truthahnbrust mit Mais und Paprika, Pfannkuchen, Gemüsegarnitur.

Wild Turkey Platter. Stuffed turkey wing, turkey breast with sweet corn and pepper, pancake, and vegetable garnishing.

Plat de dinde sauvage. Aile de dinde farci, suprême de dinde aux maïs doux et des poivrons, crêpes, garniture de légumes.

Todd Downs

Restaurationsplatte für zwei. Glasierter Sternrochen mit scharfem Chili und Tomate, buntem Gemüse und Kartoffeltaler.

Catering Platter for Two. Glazed star ray with hot chilli and tomato, mixed vegetables and potato taler.

Plat de réstauration pour deux. Raie glacée aux piments rouges épicés et des tomates, légumes de couleur et galettes de pommes de terre.

Alex Darvishi

Restaurationsplatte. Duo von pochiertem Barsch in Lachsmousse mit kräutermariniertem Lachs auf Lauch mit Beilagen.

Catering Platter. Duet of poached bass in salmon mousse with herb-marinated salmon on leek with garniture.

Plat de réstauration. Duo de perche poché en mousse saumon, saumon mariné aux herbes sur poireaux et garniture.

John Halligan

Zwei Teller vom Programm B. Hummerterrine mit Kartoffelsalat; Gefülltes und geräuchertes Polsterkissen aus Polenta.

Two Plates from Programme B. Terrine of lobster with potato salad; Stuffed and smoked squab with polenta.

Deux assiettes de programme B. Terrine de homard à la salade de pommes de terre; Coussin fumé et farci de polenta.

B

Biharer Hirschteller für zwei Personen. Biharer Damhirsch, gefüllt mit Kürbiskern und seinem Fleisch, mit Blaubeersauce, Kartoffelblättchen und gegrilltem Gartengemüse.

Bihar Daim Platter for Two People. Bihar daim stuffed with pumpkin, blueberry sauce, potato flakes and grilled garden vegetables.

Plat de cerf «Bihar» pour deux personnes. Daim de Bihar farci aux graines courge et sa viande en sauce au myrtille, feuilletts de pommes de terre et des légumes du jardin grillés.

JAL

PALUX

OLYMPIADE DER KÖCHE
Trang Nguyen
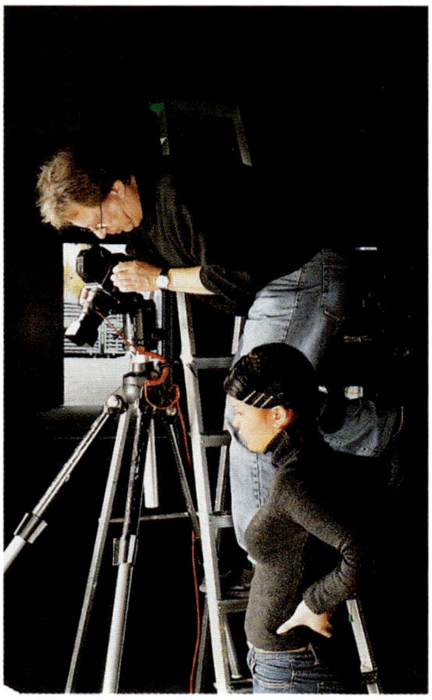

Patricia Kasper, Auszubildende

Tellergericht. Rehrückenfilet im Speckmantel, Wacholdersauce, Marktgemüse und Maronenravioli.

One-Pot Course. Fillet of venison saddle in a bacon coating, juniper berries sauce, vegetables from the market, and chestnut ravioli.

Plat. Filet de selle de chevreuil dans un manteau de lard à la sauce au genièvre, légumes du marché et ravioli au marrons.

3-Gänge-Menü. Tiger-Garnele, Kammmuschel, Calamares, Muscheln, Bohnen-Vermicelli; Pfannengeröstete Prärie-Wachtel; Schwarze-Johannisbeer-Panna-cotta mit Passionsfrucht, Tapioka und Zitronencreme.

Three Course Menu. Black tiger prawn, scallops, squid, mussels, bean vermicelli; Pan-seared prairie quail; Blackberry-panna cotta with passion fruit, tapioca and lemon cream.

Menu à trois plats. Crevette «tigre», pétoncles, seiches, moules, vermicelles de haricots; Cailles poêlé, panna cotta de mûre sauvage, fruit de la Passion, tapioca et crème de citron.

3-Gänge-Menü. Trevisano- und Löwenzahnsalat mit Baumnüssen, Gemüseaspik, Vinaigrette mit Kräutern und Nüssen, frittierte Nudelblätter; Trio von Rehrückenfilet, Hirschbrustschnitte und Wildschweinpicata, Preiselbeersauce, Williamskartoffel mit Feigenfüllung, Kastanien und Kohlgemüse; Zimtmousse mit Rotwein-Apfel-Schnitzen mit Honigsauce.

Menu of Three Courses. Trevisano and dandelion lettuce with tree nuts, vegetable aspic, vinaigrette with herbs and nuts, fried noodle flakes; Trio of fillet of venison saddle, deer and wild pig picata, cranberry sauce, William potatoes with fig stuffing, chestnuts and cabbage; Cinnamon mousse with red wine apple pieces on honey sauce.

Menu à trois plats. Salade de pissenlits et de trevisano aux noix d´arbres, aspic de légumes, vinaigrette aux herbes et noix, feuille de nouilles fries; Trio de filet de selle de chevreuil, suprême de cerf et piccata de sanglier, sauce aux airelles, pommes «William» et une farce de figue, légumes de châtaigne et de chou; Mousse de canelle, pommes au vin rouge sur sauce au miel.

3-Gänge-Menü. Chinesischer Gemüsetopf mit Fisch und Garnelen; Gebratene Hühnerkeule, mit Sojasauce glasiert, und frittierten Reisnudeln; Gebackener Avocadokuchen mit Kokosnuss-Sorbet.

Three Course Menu. Yong tau foo; Braised soy chicken leg with fried kwany teow; Baked avocado cake with coconut sherbet.

Menu à trois plats. Pot de légumes chinois aux poissons et crevettes; Cuisse de poulet rôti glacé, sauce soja et nouilles de riz frites; Gâteau d´avocat au four, parfait à la noix de coco.

3-Gänge-Menü für 1 Person.

Three Course Menu for 1 Person.

Menu à trois plats pour 1 personne.

Max Labhardt

3-Gänge-Mittagessen. In Pinot Noir pochierter Seeteufel, umlegt mit grünem Kohl; Pfannengerösteter Kalbsrücken und gefüllte Nieren mit Balsamico-Glace; Flan von wilden Preiselbeeren und Vanilleeis mit Beeren der Saison.

Three Courses Luncheon. Poached monkfish in Pinot Noir with green cabbage; Pan seared veal tenderloin and stuffed kidney with balsamic glace; Wild cranberry flan and vanilla ice cream with seasonal berries.

Menu à trois plats. Lotte pochée dans pinot noir au chou vert; Filet de veau poêlé et rognon de veau farci glacée au balsamique; Flan d'airelle sauvage et glace à la vanille aux des baies de saison.

Fantasie aus dem Fischnetz. Verschiedene Fische in einem Fumet von Zitrone und wilden Kräutern, Pastaschmetterlinge mit Gemüseperlen.

Fantasy out of the Fishing Net. Different fishes in a fumet of lemon and herbs, farfalle with vegetable perls.

Fantasie du filet de poisson. Poisson differents dans un fumet de citron et des herbes sauvages, farfalle aux perles de légumes.

3-Gänge-Menü. Eingelegte Aubergine, pfannengerösteter Seebarsch, Salat, gekräuterte und knusprige Zwiebeln; Gebratenes Perlhuhn mit Kalamata-Oliven-Farce, Sellerie und Kartoffelpüree, Savoy-Karotten und Rückenspeck, Jus; Kuchen von weißer Schokolade mit Passionsfrucht und Kokoseis.

Three Course Menu. Soused aubergine, pan seared sea bass, salad of herbs and crispy onions; Roasted guinea hen with Calamata-olive-farce, celery and potato mash, savoy carrots and bacon, jus; White chocolate cake with passionfruit and coconut ice.

Menu à trois plats. Aubergines marinées, loup de mer poêlé, salade de onions aux herbes et oignons croustillants; Pintade poêlé à la farce d´olive de Calamata, purée de céleris et pommes de terre, carottes «savoy» et larde de selle, jus; Gâteau au chocolat blanc et fruit de la Passion, glace de noix de coco.

Menü. Gemüseterrine; Verschiedene Fische und Meeresfrüchte, „Duft des Orients" – Reiscreme mit Früchten.

Menu. Terrine of vegetables; Different fishes and seafood, "smell of the Orient" – Rice cream with fruit.

Menu. Terrine de légumes; Poissons et fruits de mer differentes, «le parfum d´orient» – crème de riz aux fruits.

3-Gänge-Menü „Indian River Harvest". Rochenflügel mit eingemachter Wassermelone und Bohnensalat; Florida-Reh „Black-Kettle-Art"; Limonencreme mit Sirup von der Orange und Pampelmuse, Limone und Minze.

Three Course Menu "Indian River Harvest". Ray wing with pickled watermelon and salad of beans; Florida venison "Black Kettle Style"; Lemoncream with syrup of orange and grapefruit, lime and mint.

Menu à trois plats «Indian River Harvest». Aile de raie au melon d'eau compoté et salade de haricots; Chevreuil «Florida» à la «Black Kettle»; Crème de citron vert aux sirop d´orange et pamplemousse, citron vert et menthe.

Mark Spellmann

Ozeanische Beute, Abendessen für zwei. Dover-Seezunge, gefüllt mit Krebsfleisch, Krabbe und Shiitake, Hummerwurst, Muscheln und Gemüse in Hummerbrühe.

Oceanian Harvest Dinner for Two. Dover sole stuffed with crawfish, crab and shiitake mushrooms; lobster sausage, mussels and vegetables in lobster broth.

Menu pour deux «rapport de mer». Sole «Dover» farci aux écrevisses, crabes et champignons shiitake, saucisse de homard, moules et légumes à la nage de homard.

3-Gänge-Menü. Tarte von geräucherter Lachsforelle mit Senfsauce; Rehrückenfilet mit Pilzen, Heidelbeersauce, Selleriepüree im Strudelteig; Passionsfruchtcreme im Schokoladencornet mit Mango und Papaya.

Three Course Menu. Tarte of smoked salmon trout with mustard sauce; Fillet of venison saddle with mushrooms; Cranberry sauce, celery puree on a strudel pastry; Passion fruit cream in a chocolate cornet with mango and papaya.

Menu à trois plats. Tarte aux truites saumonées fumées, sauce de moutarde; Selle de chevreuil aux champignons, sauce aux airelles, strudel de mousseline au céleris; Crème de la fruit de la Passion dans un cornet de chocolat aux mangue et papaye.

Villeroy & Boch

Villeroy & Boch

Bitburger

Villeroy & Boch

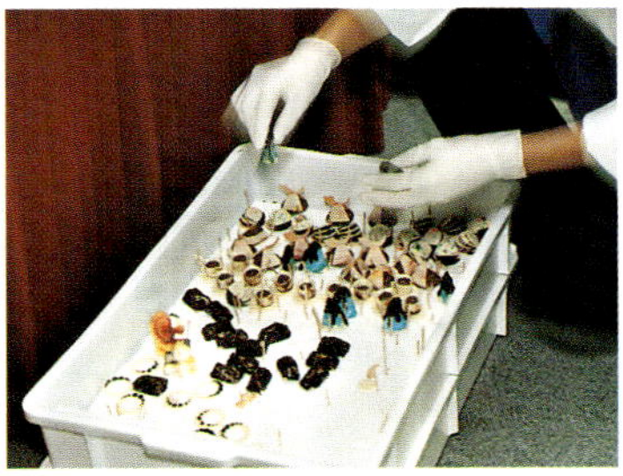

3-Gänge-Menü. Jakobsmuschel in Rettichkruste, Artischocken, geröstete Tomaten und Hummeressenz, Salat von Rauke und Lauch; Kaninchenrücken und geräucherter Kaninchenschinken, Sellerie-Kartoffelnocken, Rahmwirsing und Bratensaft mit apfelholzgeräuchertem Speck; Orangencreme und Schokoladenküchlein mit Rum-Orangen-Sirup.

Three Course Menu. Pilgrim scallops in a radish crust, artichokes, seared tomato and lobster essence, salad of garden rocket and leek; Saddle of rabbit and smoked rabbit ham, celery potato dumpling, creamed savoy cabbage and jus with apple wood smoked bacon; Orange cream and chocolate cakes with rum orange syrup.

Menu à trois plats. Coquilles Saint-Jacques en croûte de radis, artichauts, tomates grillées et l´essence de homard, salade de roquette et de poireaux; Râble de lapin et jambon de lapin fumée, noques de céleris et de pommes, chou frisé à la crème et jus de lard fumé avec de bois de pommes; Crème d´oranges et des petits gâteaux au chocolat sirop d'oranges et rhum.

3-Gänge-Menü. Roulade von Garnelen und Gänseleber mit Balsamico-Dressing; Fasanen- und Entenbrust, Pilze und Preiselbeersauce; Champagnermousse mit Früchten und Physalisgelee.

Three Course Menu. Roll of shrimps and gooseliver with balsamic dressing; Pheasant and duck breast, mushrooms and cranberry sauce; Champagne mousse with fruits and physalis jelly.

Menu à trois plats. Roulade de crevettes et foie gras au vinaigre balsamique; Suprême de faisan et de canard, champignons et sauce aux airelles; Mousse de champagne aux fruits et gelée de cerise d´hiver.

3-Gänge-Menü. Lachs im Kräutermantel, Fenchelcreme und Pumpernickel; Kalbsbries und Schweinehaxe mit Zitronenmandeln auf Sauternes-Sauce; Kokosparfait auf Ingwer-Shortbread mit geflämmten Früchten, Passionsfrucht-Guave-Coulis.

Three Course Menu. Salmon with a herb coating, fennel cream and pumpernickel; Sweetbread and pig knuckle with lemon-almonds on a Sauternes-sauce; Coconut parfait on ginger-shortbread with flamed fruits, passion fruit guava coulis.

Menu à trois plats. Saumon dans un manteau d´herbes, crème de fenouils et pumpernickel; Ris de veau et jarret de porc aux amandes au citron dans sauce sauternes; Parfait à la noix de coco sur shortbread de gingembre aux fruits flambées, coulis de fruit de la Passion et goyave.

3-Gänge-Menü. Krustentiersülze; Duett von Reh und saisonalen Pilzen; Stachelbeer- und Zitronen-Fantasie.

Three Course Menu. Shellfish brawn; Duo of venison with seasonal mushrooms; Gooseberry and lemon fantasy.

Menu à trois plats. Aspic de crustacés; Duo de venaison et des champignons de saison; Fantasie de groseille à maquereau et de citron.

3-Gänge-Menü. Wachtel mit getrockneten Früchten und Granatapfel, Gemüsekruste mit Wachtelspiegelei; Venezianischer Fischtopf mit Gemüse, Petersilienkartoffeln und Safransauce; Tiramisu mit Kastanien und Kakifrucht.

Three Course Menu. Quail with dried fruits and pomegranate, vegetable crust with fried quail egg; Venetian fish pot with vegetables, parsley potatoes and saffron sauce; Tiramisu with chestnut and kaki fruit.

Menu à trois plats. Cailles avec des fruits secs et grenade, croûte de légumes aux œufs sur le plat de cailles; Pot au poissons vénitienne aux légumes, pommes persillées et sauce au safran; Tiramisù aux marrons et kaki.

Vier Hauptgerichte. Köstlichkeiten vom Lande: gebratenes Lammrückenfilet; Frische Meeresbriese: grillierte Languste mit Scampi; Erlesenes aus Haus und Hof: poelierte Maispoularden-Rolle; Von Feld und Wald: Wildschwein-Saltimbocca.

Four Main Dishes. Delicious things from the country: roasted fillet of lamb saddle; Fresh sea breeze: grilled spiny lobster with scampi; Assortments of house and farm: roll of sweet corn chicken; From field and forest: boar saltimbocca.

Quatres plats principaux. Délicatesses de la campagne: selle d´agneau rôtie; Brise de mer fraîche: langouste grillée aux scampi; Exquisitées de maison et du jardin: paupiette de poularde de maïs doux; Du champ et de la forêt: saltimbocca de sanglier.

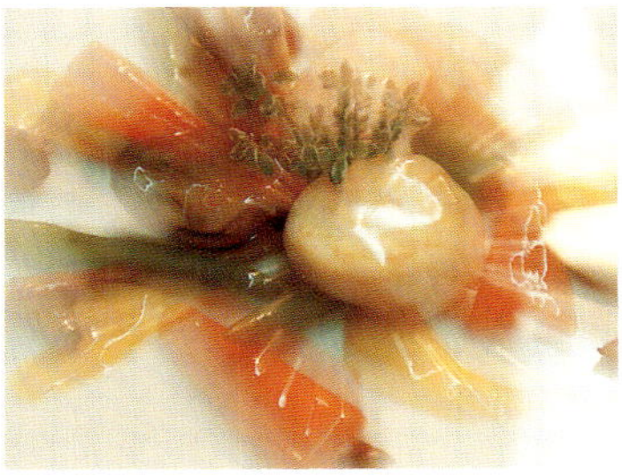

Zwei von vier Hauptgängen. Bunter Fischteller mit Apfelsüßmostfond, Hummer aus der Bretagne, Seezungenröllchen, Tintenfisch, Gemüse und Schlosskartoffeln; Gefüllter Kaninchenrücken an Zitronen-Thymian-Jus mit getrüffelten Kaiserschoten und Annakartoffeln.

Two of Four Main Courses. Mixed fish plate with apple juice fond, Brittany lobster, rolls of sole, squid, vegetable and chateau potatoes; Stuffed rabbit saddle on a lemon-thyme-jus with truffled sugarpeas and Anna potatoes.

Deux de quatre plats principaux. Plat de poisson decoré à l'essence de cidre, homard de Bretagne, paupiettes de sole, seiche, légumes et pommes château; Râble de lapin farci à un jus au thym et citron, gourmands truffés et pommes Anna.

Vier Hauptgänge. Kalbsfilet mit Shiitakepilzen in einer Thymiansauce; Gebratenes Rinderfilet mit Kräuter-Pfeffer-Sauce; Fisch „Trikolore" in einer Safransauce; Gefüllte Entenbrust mit getrockneten Früchten in einer Blaubeerensauce.

Four Main Courses. Veal fillet with shiitake mushrooms in a thyme sauce; Roasted beef fillet with herbes in pepper sauce; Fish "tricolor" in a saffron sauce; Duck breast filled with dry fruits in a blueberry sauce.

Quatres plats principaux. Filet de veau aux champignons shiitake en sauce au thym; Filet de bœuf rôti aux herbes en sauce de poivrade; Poisson «tricolore» en sauce au safran; Suprême de canard farci aux fruits secs en sauce aux myrtilles.

Vier innovative Hauptgerichte. Potaufeu vom Masthuhn; Lachs mit Muschelfüllung und warm geräuchertem Heilbutt, glasiertes Gemüse und Kartoffelterrine, Zitrussauce; Gebratenes Filet und Wurst vom Hirsch mit Kartoffel-Steckrüben-Terrine; Gegrillter Zander mit Gemüse und Krevetten, Krebssauce und Mandelkartoffelpüree.

Four Innovative Main Dishes. Pot-au-feu from chicken; Salmon stuffed with mussels and smoked halibut, glazed vegetables and terrine of potatoes, lemon juice; Roasted fillet and sausage of deer with terrine of potatoes and turnips; Grilled pike-perch with vegetables and shrimps, crawfish sauce and almond mashed potatoes.

Quatres plats principaux innovatives. Pot-au-feu de poularde; Saumon aux farce de moules et de flétan fumée chaude, légumes glacés et terrine de pommes de terre, sauce au citron; Filet et saucisse de cerf poêlé, terrine de pommes de terre et de rutabagas; Sandre grillée aux légumes et crevettes, sauce aux écrevisses et pommes mousseline aux amandes.

Vier Tellergerichte. Taubenbrust und Wachtelkeule, Buchweizen, Kürbis, Sauerkraut und Wirsing, Birne mit Maronenfüllung, Preiselbeerchutney; Steinbutt und Lachs im Süßkartoffelmantel mit Vanille und Orangen, Spinat mit Schwarzwurzeln, Endivie, Datteln, Zitronen-Thymian-Sauce; Rehkarree mit Amaranth, Hirschwürstchen, Mais-Eier und süß-saure Quittensauce; Ochsenschwanz mit Hummer, Safrankartoffeln, Gemüse, und Cassis-Senf-Sabayon.

Four Different Plates. Pigeon breast and quail leg, creations of buck wheat pumpkin, sauerkraut and Savoy, pear with chestnut filling, cranberry chutney; Turbot and salmon in a sweet potato coating with vanilla and orange perfume, spinach-blackroot-symphony, chicory and dates, lemon thyme sauce; carré of venison with amaranth, deer sausage, sweet corn eggs, and sweet and sour quince sauce; Oxtail with lobster, saffron potatoes, vegetables, cassis-mustard sabayon.

Quatres plats. Suprême de pigeon et cuisse de cailles, creation de sarrasin, poitron, choucroute et chou frisé, poire farcie de marrons, chutney d´airelles rouges; Turbot et saumon dans un manteau de patates douces parfumé aux vanille et d´oranges, symphonie d´épinards et salsifis, chicorée frisée et dattes, sauce au thym et citron; Carré de chevreuil à l'Amaranth, saucisses de cerf, œufs au maïs doux et sauce de coing aigre-douce; Queue de bœuf et homard, pommes de terre au safran, légumes, sabayon de cassis et moutard.

Zwei Hauptgänge. Lammbraten mit Spinat, gebratenen und pürierten Kartoffeln mit Basilikum, Gemüse mit Oreganosauce; Reh mit Reis und Spinat, gebratene Gemüse und Jägersauce.

Two Main Courses. Lamb rack with spinach, roasted and mashed potatoes with basil, vegetables and oregan sauce; Venison with rice and spinach, roasted vegetables and sauce hunter's style.

Deux plats principaux. Rôti d´agneau aux épinards, pommes de terre poêlé et purrée au basilic, légumes et sauce d'origan; venaison aux riz et épinards, légumes grillées et sauce chasseur.

Vier Hauptgerichte. Lachstortilla, Herbsttrompeten, Muschelsauce; Rinderbrust mit Kartoffeln, Blumenkohlpüree, gegrillte Gemüse, Meerrettichsauce; Entenbrust, warmer Kartoffelsalat, Kürbis-Pistazien-Lasagne; Mit Hummer gefüllte Seeteufel, Jakobsmuscheln, in Kraut gewickelt, Petersiliensauce.

Four Main Dishes. Salmon tortilla, autumn mushrooms, mussels sauce; Beef breast with potatoes, cauliflower puree, grilled vegetables, horseradish sauce; Duck breast, warm potato salad, pumpkin-pistachio-lasagne; With lobster stuffed monkfish, pilgrim scallops rolled in cabbage, parsley sauce.

Quatres plats principaux. Tortilla de saumon, «trompettes d´automne», sauce aux moules; Poitrine de bœuf aux pommes de terre, purée de chou-fleur, légumes grillés, sauce au raifort; Suprême de canard, salade de pommes de terre chaudes, lasagnes de poitron-pistaches; Lotte de mer farcie de homard, coquilles Saint-Jacques au chou, sauce au persil.

Villeroy & Boch

Villeroy & Boch

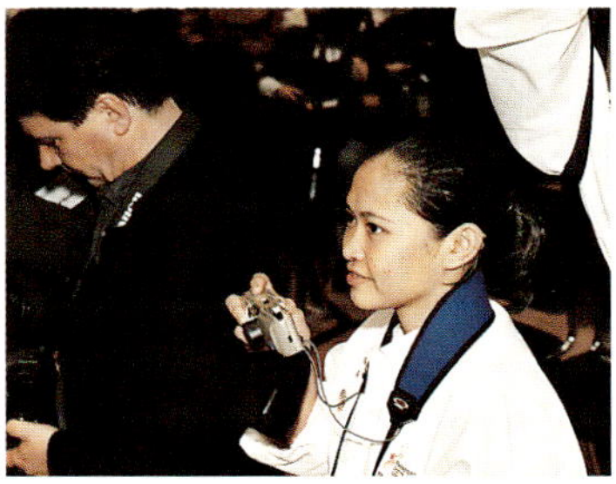

Villeroy & Boch

Vier Hauptgerichte. Rehvariation; Kalbsmedaillons mit Pilzen; Hummerschwanz mit Avocado-Salsa; Kulibiak von Kammmuscheln und Lachs.

Four Main Dishes. Variation of venison; Veal medaillon with mushrooms; Lobster tail with avocado salsa; Kulebyaka of scallops and salmon.

Quatres plats principaux. Variation de chevreuil; Médaillons de veau aux champignons; Queue de homard à la salsa d´avocats; Coulibiac de coquilles Saint-Jacques et saumon.

Vier Hauptgerichte. Zander-Lachs-Schleifen im Netz mit Seeteufelmedaillons und Kartoffelsauce; Jungschweinfilet und kleine Schinkenroulade auf Rahmwirsing und gratinierten Kartoffeln; Brust und Keule vom Stubenküken im Polentaflädle; Kaninchen-Knödel-Roulade und Keule mit soufflierter Kartoffel und Nierle-Zwiebel-Ragout.

Four Main Dishes. Pike-perch salmon strips in a net with monkfish medallions and a potato sauce; Fillet of suckling pig and small ham roulade on creamed Savoy cabbage and gratin potatoes; Breast and leg of spring chicken in a polanta pancake; Rabbit dumpling roulade and leg with soufflé potato and kidney onion ragout.

Quatres plats principaux. Banderau de sandre et de saumon aux médaillons de lotte et une sauce aux pommes de terre; Filet de porc jeune et une petite roulade de jambon sur chou frisé à la crème et pommes de terre gratinées; Suprême et cuisson de poussin en crêpe de polenta; Roulade de lapin en boulette et cuisses de lapin aux pommes de terre soufflées et un ragoût de rognons aux onions.

Vier Hauptgerichte „New Century of my life".

Four Main Dishes "New Century of My Life".

Quatres plats principaux «New Century of my life».

Drei von vier Hauptgängen. Mit Früchten gefüllte Keulen und Brust des Ontario-Black-River-Jungvogels; Potaufeu von Atlantikfischen und Meeresfrüchten; Hechtfilet, angebraten, und im Safransud pochiert.

Three of Four Main Dishes. With fruit filled legs and breast of Ontario black river squabs; Pot-au-feu of Atlantic fishes and seafood; Fillet of pike fried and poached in saffron broth.

Troi de quatres plats principaux. Suprême et cuisse de pigeonneau «Ontario» farci aux fruits; Pot-au-feu de poisson d´atlantique et fruits de mer; Filet de brochet poêlé et poché à la nage au safran.

Vier Hauptgerichte. Gerolltes Schweinefilet mit Kartoffelnockerl und Gemüsebukett; Meeresfrüchte mit Erbsenschoten, Gurken und Pilznudeln; Gefüllter Kaninchenrücken mit Pumpernickel-Serviettenknödel; Rehfilet und Fasanenbrust mit Preiselbeersauce mit Butterkipfel-Auflauf.

Four Main Dishes. Rolled fillet of pork with small dumplings of potatoes and vegetable bouquet; Seafood with sugar peas, pumpkin and mushroom noodles; Stuffed rabbit saddle with pumpernickel-serviette dumpling; Fillet of venison and pheasant breast on cranberry sauce with soufflé of "butter crescent".

Quatres plats principaux. Filet de porc roulé aux noques de pommes de terre et un bouquet de légumes; Fruits de mer aux pois gourmands, concombres et nouilles aux champignons; Râble de lapin farci aux boulettes en serviette de pumpernickel; Filet de chevreuil et suprême de faisan, sauce aux airelles rouges, gratin de «croissant au beurre».

Max Labhardt

Kreatives Hauptgericht. Im Ofen gebratener Kaninchenrollbraten; Mit Kräuterkruste überbackener Lammbraten und sonnengetrockene Blaubeerensauce; Gesottenes Zwischenrippenstück und Ochsenschwanz, gefüllte Safrankartoffeln in Brühe.

Creative Main Courses. Oven baked rolled rabbit; Herb crusted lamb rack and sundried blueberry sauce; Simmered beef tenderloin and oxtail, filled saffron potatoes in a broth.

Plat principaux creatives. Roulade de lapin frit au four; Rôti d´agneau à la croûte des herbes gratiné, sauce de myrtilles séchées au soleil; Filet de bœuf cuit et d´oxtail, pommes de terre au safran farcies à la nage.

Villeroy

Villeroy

Bitburger

Nestlé

Kreativer Hauptgang. Eine mit Preiselbeer und Kirsch gekrönte Rebhuhnbrust mit einer Pistazien- und Wildpilz-Wurst; Tintenfisch, gefüllt mit Atlantik-Krabbenbeinen.

Creative Main Courses. Cranberry and cherry crowned partridge breast with a pistachio and wild mushrooms sausage; Squid stuffed with Atlantic crab legs.

Plat principaux creatives. Suprême de perdreau aux airelles rouges et cerises, un saucission de pistaches et de champignons sauvages; Seiches farcies aux jambes de crabes de l'atlantique.

Innovative Hauptgerichte. Salzlammrücken mit Schalottenconfit und Senfspätzle; Gegrilltes Rindfleisch mit Herbstgemüse und Süßkartoffelgratin; Filet vom Breconshire-Reh mit Waldpilzen und Williamskartoffel; Filet vom Freilandschwein mit Blutwurst-Kartoffel-Pudding und glasierten Äpfeln.

Innovative Main Dishes. Pre-salted saddle of lamb with confit of shallots and mustard "Spätzle"; Grilled beef with autumn vegetables gratin of sweet potatoes; Fillet of Breconshire venison with wild mushrooms and William's potatoes; Fillet of outdoor pig with blood sausage-potato-pudding and glazed apples.

Plats principaux innovatives. Selle d´agneau salée au confit d´échalottes et petit gnocchi de farines à la moutarde; viande de bœuf grillé aux légumes d´automne au gratin de patates douces; Filet de chevreuil «Breconshire» aux champignons sauvages et patates «William»; Filet de porc plein air au pouding de boudin noir et pommes gláces.

Vier Hauptgerichte.

Four Main Dishes.

Quatres plats principaux.

Vegetarische Platte. Bunte Paprikaschoten mit Oliven und Mozzarellakäse, eingepackt mit gegrilltem Gemüse; Körbchen mit Kräuterbohnen und Pilzen auf Spinatpolenta; Gemüsespießchen; Tomatenwürfelchen mit einer grünen Sauce.

Vegetarian Platter. Different colour peppers with olives and mozzarella cheese, rapped in grilled vegetables; Baskets with herb beans and mushrooms on spinach polenta; Vegetables skewer; Tomato concassé with a green sauce.

Plat végétarien. Poivrons de couleur aux olives et mozzarella, embalés aux légumes grillés; Corbeille aux haricots-herbes et champignons sur un polenta d´épinards; Tomates concassées à la sauce verte.

Vegetarische Platte. Gespickter Brotbraten mit Gemüsen, in Sesam gebratene Kartoffelscheiben, gebackener Tofu, Gnocchi mit Waldpilzen und Kräutern, Zwiebeln, gefüllt mit Kürbis und Amaretti, Lauchsauce.

Vegetarian Platter. Roasted breadcake with vegetables, potato slices fried in sesame, fried tofu, gnocchi with mushrooms and herbs, stuffed onions with pumpkin and amaretti, leek sauce.

Plat végétarien. Un rôti du pain lárde aux légumes, tranches de pommes de terre poêlés dans sésame, tofu au four, gnocchi aux champignons sauvage et herbes, oignons farcis de potiron et macarons, sauce de poireaux.

Vegetarische Platte. Gebackener Herbstkürbis, gefüllt mit Tofu-Pudding, serviert mit einem Spinat-Auflauf-Omelette; Grüner Thai-Curry und Zitrus-Joghurt-Sauce.

Vegetarian Platter. Baked autumn squash filled with tofu custard and served with a soufflé spinach omelette; Green Thai-curry and citrus yoghurt sauce.

Plat végétarien. Potiron d´automne au four farci au pouding de tofu garni et un soufflé d´omlette à la florentine; Thai curry verte et sauce au citron et yaourt.

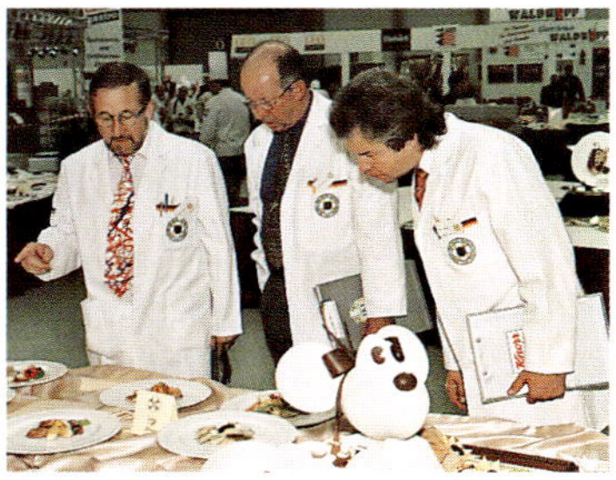

IKA
INTERNATIONALE
KOCHKUNST-
AUSSTELLUNG
OLYMPIADE DER KÖCHE
IN ANERKENNUNG HERVORRAGENDER LEISTUNGEN
HAT DIE INTERNATIONALE BEWERTUNGSKOMMISSION

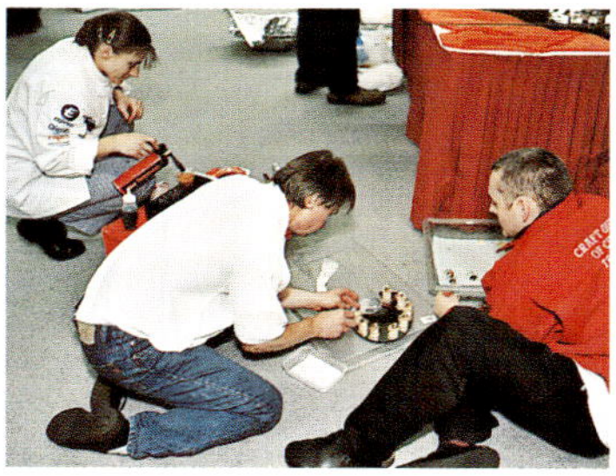
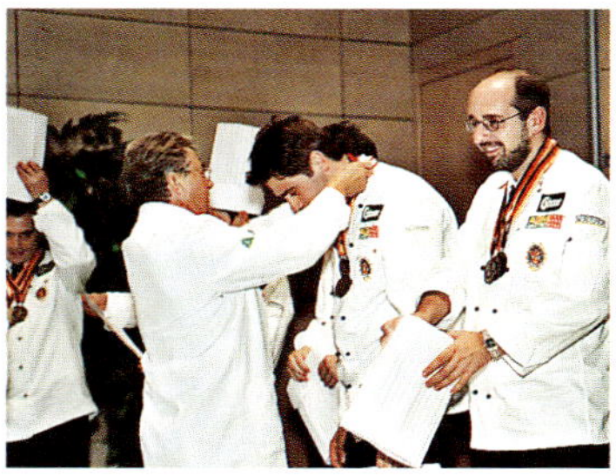

Sinfonie vom Gemüse. Brokkoli-Karotten-Terrine mit Lasagne-Nuss-Praline, buntes Bohnengemüse, Gorgonzolasauce.

Symphony from Vegetables. Terrine of broccoli and carrots with lasagne nut praline, mixed beans, Gorgonzola sauce.

Symphonie de légumes. Terrine de carottes et de brocoli, praliné de lasagnes-noisettes, légumes de haricots de couleur, sauce de fromage gorgonzola.

Mediterranes, vegetarisches Abendessen. Gefüllter Fenchel mit Quinoa, Kürbissamen und getrockneten Tomaten; Marinierter, gegrillter Tofu, Gemüse und Feta-Kuchen.

Mediterranean Vegetarian Dinner. Filled fennel with quinoa, pumpkin seeds and dried tomato; Marinated grilled Tofu, vegetables, and feta cheese cake.

Dîner méditerranéen végétarien. Fenouil farci de quinoa, des graines de potiron et des tomates séchées; Tofu marinée et grillée, gâteau de feta et de légumes.

Vegetarische Platte. Lasagne mit Ricottakäse, Artischocken, Spinat, Bohnengemüse, Kräuter und lauwarme Gurkenspaghetti, Balsamico und Olivenöl im Löffel; Crème „Dubarry".

Vegetarian Platter. Lasagne with ricotta cheese, artichoke, spinach, beans, herbs, and warm cucumber spaghetti, balsamic and olive oil in a spoon; Cream "Dubarry".

Plat végétarien. Lasagne au fromage ricotta, artichauts, épinards, légumes de haricots, herbes et des spaghetti aux concombres tièdes, balsamique et huile d´olives garnies dans une cuillère; Crème «Dubarry».

Team Györ

Vegetarische Platte. Faschiertes aus Ei und Soja im Wirsingsäckchen; Gefüllte Tomaten mit Oregano, Wachteleier; Pfannkuchen mit Gemüse; Auberginen mit Kichererbsen; Safran-Kartoffelauflauf; Grießnockerl mit Basilikum und Leinsamen.

Vegetarian Platter. Mince from egg and soya in sacks of Savoy cabbage; Grilled tomato with oregano, quail eggs; Pancakes with vegetables; Aubergines with chick peas; Saffron potato soufflé; Small semolina-dumplings with basil and linseed.

Plat végétarien. Haché d´œufs et de soja dans un sachet de chou frisé; Tomates farci d´origan, d´œufs de cailles; Crêpe aux légumes; Aubergines aux pois chiches; Gratin de pommes de terre et de safran; Noques de semoule au basilic et graines de lin.

Vegetarische Platte „Southern Style".

Vegetarian platter "Southern Style".

Plat végétarien «Southern Style».

Moderne vegetarische Variation. Warme Tofu-Getreide-Terrine mit geräucherten Quornwürstchen, Gemüsekroketten im Haselnusskleid, Mischgemüse mit Pilzen, Karotten-Spinat-Timbale mit feinen Bohnen; Laugenbrezel-Knödel.

Modern Vegetarian Variety. Warm terrine of tofu and grain with smoked quorn sausage, vegetable croquettes in a hazelnut coat, mixed vegetable with mushrooms, carrot spinach-timbale with fine beans; Pretzel dumpling.

Variation végétarienne moderne. Terrine de tofu et des céréales aux saucisses de quorn fumés, croquette de légumes dans une robe de noisettes, légumes assortis aux champignons, timbale de carrotes et d´épinards aux haricots fins; Boulette de bretzel.

KÖCHE DEUTSCHLANDS e.V.

Vegetarische Platte ovo-lacto-vegetabil. Tofu in Meerrettichkruste, Ozeangemüse und Gerstenwurst; Geräucherter Tofu; Lotuswurzel, gefüllt mit Preiselbeeren und Quinoa; Gefüllte Zwiebel; Seitan-Medaillons; Karotten-Orangen-Jus.

Vegetarian Platter Ovo-Lacto-Vegetarian. Tofu in a horseradish crust, Ocean vegetables and barley sausage; Smoked tofu; Lotus root stuffed with cranberries and quinoa; Stuffed onion; Seitan medallions; Carrot-orange-jus.

Plat végétarien ovo-lacto-vegetabil. Tofu dans une croûte de raifort, légumes de mer, saucisson d´orge; Tofu fumé; Racine de lotus farci aux airelles rouges et quinoa; Oignon farci; Medaillons «Saitan»; Jus de carrotes et d´oranges.

Vegetarische Platte ovo-lacto-vegetabil. Kartoffel-Gelbe-Bete-Kuchen; Ofengebackene Paprika, Bohnenterrine; Spitzkohlroulade; Zitronenglasiertes Wurzelgemüse, marinierte Pilze.

Vegetarian Platter Ovo-Lacto-Vegetarian. Potato-yellow-beet-cake; Ovenbaked pepper, Terrine of beans; Roulade of cabbage; Lemon glazed root vegetables; Marinated mushrooms.

Plat végétarien ovo-lacto-vegetabil. Gâteau de pommes de terre et betteraves jaunes; Poivrons au four, terrine de haricots; Roulades de chou blanc; Racines de légumes glacé au citron, champignons marinés.

Vegetarisch. Gefüllter Lauch mit Brokkoli und Cashew-Kernen; Kurz gebratener Risotto; Gedämpfter „Pak-Choi" und junge Artischocke; Gekochter Fenchel mit Gewürzen, drapiert in einer gesalzenen Wassermelone; Orangensirup; Soja- und Zitronengrassauce.

Vegetarian. Leek filled with broccoli and cashew kernels; Shallow fried risotto; Steamed Pak-Choi and young artichoke; Fennel cooked with spices then dressed in a salted watermelon; Orange syrup; Soya and lemongrass sauce.

Végétarien. Poireau farci de brocoli et des amandes de cajou; Risotto revenu à la pôele; Pak-Choi à la vapeur et un jeune artichaut; Fenouil cuit aux épices preparés dans une pastèque salée; Sirop d´oranges; Sauce soja et citronelle.

Vegetarische Platte. Gefüllter Paprika mit Zwiebel-Austernpilz-Gemüse; Kartoffel-Linsen-Torte, Schafkäsepraline.

Vegetarian Platter. Filled pepper with onion-oyster mushroom vegetables; Potato-lentils tarte, sheep's cheese praline.

Plat végétarien. Poivron farci aux légumes d´onions et de pleurotes, Tarte aux pommes de terre et lentilles, praliné de fromage de brebis.

Vorspeisen. Eingelegte Makrele, rosa Grapefruit-Sauce, Artischockenböden und grüne Bohnen; Pfannengebratene Kammmuscheln mit Gewürzen, sautierte Petersilienwurzeln und gebackene Mini-Glockenpaprika, schwarze Oliven mit Pesto-Öl; Frittierter Steinbutt mit Kräuterkruste, gebackener Kamtschatka-Taschenkrebs, Blumenkohl mit Pinienkernen, gelbe Glockenpaprikasauce.

Hors d'Oeuvres. Marinated mackerel, pink grapefruit sauce, artichoke bottom and green beans; Pan-fried scallops roasted with spices, sautéed parsleyroot and baked mini bell pepper, black olives and "pesto oil"; Fried herb crusted turbot, baked Kamchatka crab, cauliflower and pine kernel, yellow bell pepper sauce.

Hors-d´Œuvre. Maquerau mariné, sauce de pamplemousse rosé, fonds d´artichauts et haricots verts; Pétoncles poêlées, rôties aux épices, racine de persil sauté et des petits poivrons au four; Olives noires et de l´huile pesto, turbot croûté, frit aux herbes, crabes «Kamchatka» au four, chou fleur et pignons, sauce de poivrons jaune.

Vorspeisen. Tomaten- und Fencheltarte mit Basalmico-Vinaigrette, pochierte und gegrillte Wachtelbrüste und Keulen, „Fondant" von Gemüsen, Petersilienschaum; Terrine von Waldpilzen, Schinken mit eingelegten Pilzen und Kräutercreme.

Hors d'Oeuvres. Tomato-fennel tarte with balsamic vinaigrette; Poached and grilled quail breast and leg, fondant of vegetable, parsley foam; Terrine of wild mushrooms, ham with pickled mushrooms and herb cream.

Hors-d´Œuvre. Tarte de tomates et fenouils au vinaigre balsamique, poitrine et jambes de cailles grillées et pochées; Fondant de légumes, mousse de persil; Terrine de champignons sauvages, jambon et salsifis, champignons marinées et crème de herbes aromatiques.

Festliches Menü für Diabetes mellitus. Mainauer Gemüseterrine; Soufflierter Bodenseekretzer; Lammrücken in Vollwertkruste; Kleines Füllhorn mit Quarkmousse, Früchte-Beeren-Salat.

Festive Menu for Diabetes Mellitus. Terrine of Mainau vegetable; Soufflé of Lake Constance perch; Saddle of lamb in a wholemeal crust; Horn of plenty with curdmousse, fruit-berry-salad.

Menu solennel pour Diabetes mellitus. Terrine de légumes à la «Mainau»; perche de lac de Constance soufflée; Selle d´agneau dans une croûte d'alimentation complète; Petite corne d'abondance à la mousse de fromage blanc, salade aux fruits et baies.

Patisserie

Patisserie

Pâtisserie

À-la-Carte-Dessert. Reiscreme und Himbeermousse in Lagen mit Pralinenwaffeln und Rhabarber und Franchipan-Blätterteig mit Beeren; Maracuja-Torten mit Baiser, getränkt mit Mintsirup und Physalis in der Füllung, dazu Zitruskompott; Karamellisierte Ananas auf Brioche, mit Vanillesirup getränkt, darauf Bananen-Soufflé mit Rum-Sabayon, tropische Fruchtsauce; Apfel-Calvados-Mousse in weißer Schokolade, Kirsch-Parfait, Apfelconfit und Schwarzkirschen.

À la Carte Dessert. Rice cream and raspberry mousse in layers with chocolate wafers, with rhubarb and frangipane puffed pastry with berries; Passion fruit with meringue with mint syrup filled physalis, lemon compote; Candied pineapple on brioche soused with vanilla syrup, banana soufflé with rum sabayon, tropical fruit sauce; Apple calvados mousse in white chocolate, cherry parfait, apple confit with black cherries.

À la carte dessert. Crème de riz et mousse de framboises en couches avec des gaufres praliné, rhubarbe et mille feuille «franchipan» aux baies; Tarte de fruit de la Passion à la meringue, farci au sirop de menthe, compote d´agrumes; Ananas caramelisé sur brioche trempé dans du sirop de la vanille, suivant un soufflé de bananas au sabayon au rhum, sauce de fruits tropical; Mousse de calvados en chocolat blanc, parfait de cerise, confit de pommes et cerises noires.

Vier Dessertteller. Kumquat und Trüffelmousse in weißer Schokolade mit Kumquatkompott; Gewürztes Heidelbeereis mit Lavendel-Biskuit und pochierter Birne; Rote Johannisbeer-Mousse mit einer Mini-Dobostorte; Feigen-Schokoladen-Pana cotta auf Schokolade mit Feigen in Sirup.

Four Dessert Platter. Kumquat and truffle mousse in white chocolate with kumquat compote; Spiced blueberry ice-cream with lavendel biscuit and poached pear; Red currant mousse with a mini dobos cake; Fig chocolate panna cotta on chocolate with figs in syrup.

Quatre plats de dessert. Mousse de kumquat et de truffes en chocolat blanc à la compote de kumquat; Glace de myrtille assaisonné au biscuit de lavende et poire poché; Mousse de groseille rouge et un mini tarte de dobos; Panna cotta de figue et chocolat sur chocolat aux figues en sirop.

Zwei von vier Torten. „Haru" Frühling; „Fuyu" Winter.

Two of Four Cakes. "Huru" spring; "Fuyu" winter.

Deux de quatre tartes. «Haru» printemps; «Fuyu» hiver.

Vier Desserts. „Schokolade und Kirschen": Helle und dunkle Mousse, Schokoladensandkuchen, eingelegte Kirschen; „Cirque du Soleil": Zitronenparfait, Limonensauce, Brotpudding mit weißer Schokolade; „Nuts About You": Pistazien-Creme, Cremeroulade mit Pecannuss, rosa Gelee und Dörrobst; „Tropical Trio": Ananasmousse, Guavenmousse, Kokosnussmousse, Ananaschips, Frangipantimbale, tropische Sauce.

Four Desserts. "Chocolate & Cherries": Light and dark mousse, chocolate plain cake, soused cherries; „Circus of Sun": lemon parfait, lemon sauce, breadpudding with white chocolate; "Nuts about You": Pistachio-cream, cream roulade with pecan nut, pink jelly and dried fruits; "Tropical trio": pineapple mousse, guava mousse, coconut mousse, pineapple chips, timbale of frangipane, tropical sauce.

Quatres desserts. «Chocolat & cerises»: Mousse blanc et noir, quatre-quarts au chocolat, cerises marinées; «Cirque du soleil»: parfaits au citron, sauce de citron vert, pouding de pain à la chocolat blanc; «Nuts about you»: crème de pistaches, roulade de crème à la noix de pacane, gelée rose et fruits secs; «Tropical trio»: mousse d´ananas et mousse de goyave, mousse de noix de coco, chips d´ananas, timbale de franchipan, sauce tropical.

B

Die darstellenden Künste. Ballerina aus gezogenem Zucker auf Pastillage-Schwan; Pistazien-Rum-Kugeln; Schokoladentüte mit Orangencreme; Pralinen-Dobos; Mokka-Butterplätzchen; Gianduja-Trüffel.

The Performing Arts. Ballerina from pulled sugar on pastillage swan; Pistachio-rum-balls; Chocolate cornet with orange cream; Praline dobos; Mocha-coffee-butter cookies; Gianduja truffle.

Les arts représenter. Ballerine de sucre tiré sur un cygne de pastillage; Boules de pistaches et rhum; Cornet de chocolat avec crème d´oranges; Praliné-dobos; Biscuit de beurre-moka; Truffes gianduja.

Schokoladenschaustück „10 Jahre Diddl".

Chocolate Showpiece "10 Years Diddl".

Pièce représenter en chocolat. «10 ans Diddl».

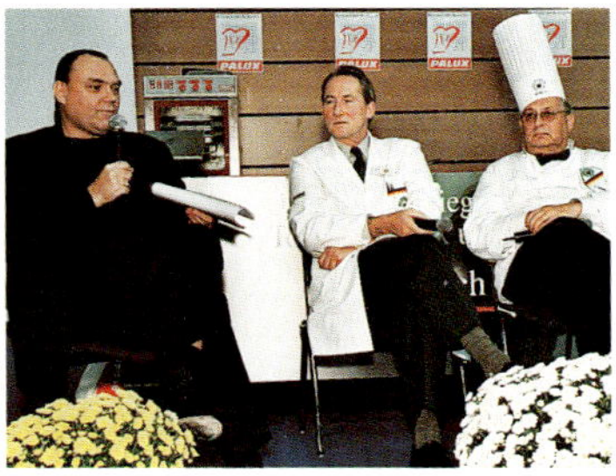

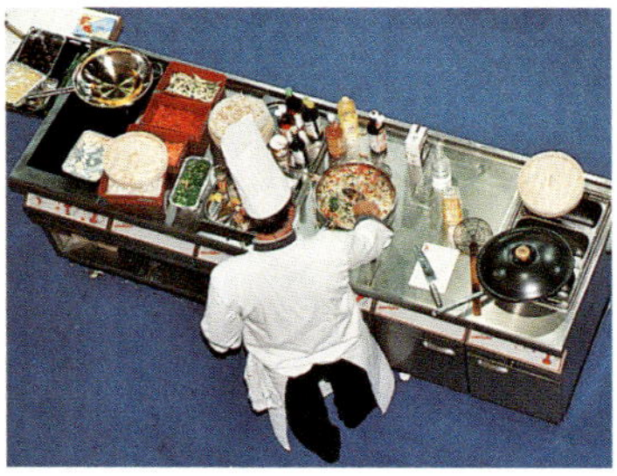

PALUX Topline. Sieger nach Punkten.
Top in Technik und Konzept.
Olympisch gut!

PALUX Topli
Top in Te

Phantom der Oper. Schaustück aus Pastillage mit Schokoladen- und Zuckerrosen; Operntorte; Lagen von Schokolade und Mokka; Zitronen-Himbeer-Torte; Maronen-Rum-Mousse-Torte.

Phantom of the Opera. Showpiece of pastillage, chocolate and sugar-roses; Opera cake; Layers of chocolate and mocha; Lemon-raspberry cake; Sweet chestnut-rum-mousse-cake.

Phantom of the opera. Pièce représenter de pastillage aux roses au chocolat et sucre; Tarte d´opera aux chocolat et moka; Tarte aux citrons et framboises; Tarte de mousse de marrons et rhum.

3-Tage-Desserts. Gefüllte Teigblüten; Hefegebäck; Gefüllter Reisapfel.

Three Daily Desserts. Filled pastry flowers; Yeast buns; Filled rice apple.

Trois desserts du jour. Fleurs de pâte farci; Pâtisserie de la levure; Pommes de riz farci.

Drei kleine Torten. Nusstorte mit Pralinen und Pistazienbavaroise; Moussetorte von heller und dunkler Schokolade, Mandelboden und Kroatzbeerenkompott; Biskuittorte mit Vanillebavaroise, Erdbeermousse und Limettenmarmelade.

Three Little Cakes. Nut cake with praline and pistachio bavaroise; Mousse cake from light and dark chocolate, almond layer and compote of blackberries; Biscuit cake with vanilla bavaroise, strawberry mousse and lime marmalade.

Trois petits tartes. Tarte aux noix aux pralinés et bavaroise de pistaches; tarte de mousse au chocolat blanc et noir; fonds d´amandes et compote de mûres; Tarte au biscuit et bavaroise à la vanille, mousse au fraises et marmelade de citron vert.

Pâtisserie; „Erntezeit im Hudson-Tal". Aprikosentrüffel; Getrocknete Kirschen Tremor; Mangogelee; Cassispraline; Nugatzapfen.

Pâtisserie "Hudson Valley Harvest". Apricot truffles; Dried cherry tremor; Mango jelly; Cassis praline; Nougat cones.

Pâtisserie «Époque de la récolte à la vallée d'Hudson». Truffes d´apricot; Tremor de cerises secs; Gelée de mangue; Praliné de cassis; Cônes de nougat.

Friandises jeweils mit Schaustück. Orangenkrokant mit Schokoladen-Rum-Füllung; Johannisbeerlikör in der Zuckerkruste; Schokoladenschleifchen mit Pfefferminz-Canache.

Friandises with Show Pieces. Orange brittle with chocolate-rum filling; Currant liqueur in a sugar crust; Chocolate bows with mint canache.

Friandises avec pièce représenter. Pralin d´oranges à la farce de chocolat-rhum; Liqueur de groseille dans la croûte de sucre; Banderelles de chocolat à la canache menthe.

Vier exklusive Desserts. Schokoladen-Koriander-Soufflé auf Birnenlikör, Rahmeis, Orangenfilets; Rosencreme in ihrer Blüte, Mandeleis, Karamellsauce; Apfel-Mousse in der Pralinenzuckerkruste auf Sabayon, grünes Apfeleis; Gebackene Trüffelpraline mit Lavendelparfait im Baisermantel.

Four Exclusive desserts. Chocolate-coriander-soufflé on pear liqueur; Ice cream; Fillets of oranges; Cream of roses in a blossom of almond ice cream, caramel sauce; Apple mousse in a praline sugar crust on sabayon, green apple ice cream; Fried truffle chocolate on lavender parfait in a meringue coating.

Quatres desserts exclusifs. Soufflé au chocolat et coriandre sur liqueur de poire, glace de crème, filets d´oranges; Crème de rose dans sa fleur, glace d´amande, sauce caramel; Mousse de pommes dans une croûte de praliné et sucre sur sabayon, glace de pommes vertes; Truffes de praliné au four à parfait de lavende dans un manteau de meringue.

Drei von vier exklusiven Desserts. Helle Schokoladenbavaroise mit Brownie und Kumquatkompott, serviert mit Nugateis; Ananasvariationen; Himbeermousse mit Imperial-Reis und Himbeersauce.

Three From Four Exclusive Desserts. Light chocolate bavaroise with brownie and kumquat compote served with nougat ice-cream; Pineapple variations; Raspberries mousse with imperial rice and raspberry sauce.

Trois de quatre desserts exclusiv. Bavarois de chocolat clair, un brownie et compote de kumquat garni, glace de nougat; Variations d´ananas; Mousse de framboises au riz imperial et sauce de framboises.

Friandises. Pistazien-Pyramiden; Früchteliesel; Plätzchen mit getrockneten Früchten; Schokoladen-Limone; Kaffee-Samt „Velvet".

Friandises. Pistachio pyramids; Fruity lady; Cookies with dried fruits; Choco-lime; Coffee velvet.

Friandises. Pyramid de pistaches; «fruit lady»; Biscuits de fruits secs; Citron vert de chocolat; «Caffee velvet».

4 Tagesdesserts. Sauerkirschstrudel mit warmem Rhabarber-Kompott; Erdnussschaum mit Orangensauce und Vanilleeis; Kastanienmousse mit Grand-Marnier-Sauce und Grillagedekoration; Heiße Apfeltaschen mit kandierten Blumen und Pistazien.

Four Daily Desserts. Sour cherry strudel with warm rhubarb compote; Peanut foam with orange sauce and vanilla ice-cream; Sweet chestnut mousse with Grand Marnier sauce and grillage decoration; Hot apple bags with candied flowers und pistachios.

Quatres desserts du jour. Strudel au griottes à la compote de rhubarbe chaude; Mousse de cacahuètes à la sauce d´oranges et glace à la vanille; Mousse de marrons à la sauce Grand-Marnier et garniture grillage; Chausson aux pommes chaude aux fleurs confits et pistaches.

Vier Desserts.

Four Desserts.

Quatres desserts.

Dessertvariationen. In Met aus schwarzen Johannisbeeren pochierte Birnen, Bavaroise aus Birnen, Vanille und weißer Schokolade, Birnen-Mandel-Tarte mit Bananenchips, Passionsfrucht-Coulis; Schoko-Kaffee-Millefeuille, serviert mit Pralineneis, Kaffeesirup und Nüssen in Karamell; Gefrostete Apfelcharlotte mit Himbeer-Litschi-Flammeri und Mango-Oangen-Coulis; Bananen-Kokos-Terrine mit karamellisierten Bananen, geröstete Kokosnuss.

Variations of Desserts. In mead from black currant poached pears, bavarois from pears, vanilla and white chocolate, pear almond tarte with banana chips, passionfruit-coulis; Chocolate-coffee mille-feuille served with praline ice-cream, coffee syrup with nuts in caramel; Chilled apple charlotte with raspberry-lychee-flummery and mango-orange-coulis; Terrine of banana coconut and caramelised bananas, roasted coconuts.

Variation de desserts. Poires pochées en hydromel de cassis, bavarois de poire, vanille et chocolat blanc, tarte aux poires et d'amandes aux chips de banane, coulis au fruit de la Passion; Mille feuille de chocolat et café garni à la glace praliné, sirop de café et des noix en caramel; Charlotte aux pommes glacé au flamri de framboises et litchis et un coulis de mangues et d´oranges; Terrine de banane et noix de coco aux poires caramelisées, noix de coco grillées.

Auswahl von fünf Petits Fours und Schaustücken. Sauerkirsch-Eibisch-Sahne mit Schachbrett-Teegebäck; Kandierte exotische Früchte-Baumkuchen mit Zitronentrüffel und weißer Schokolade; Haselnuss- und Frangelico-Plätzchen mit Himbeerhappen und Orangenmousse; Dreifach-Schokoladennugat mit Mandelsplitter und Vanillewaffel; Vanillebaiser mit eingemachten Wildbeeren und gestäubten Pistazienplätzchen.

Selection of Five Petits Fours and Showpieces. Sour cherry marshmallow cream with checkerboard shortbread; Candied exotic fruit layer cake with lemon truffle and chocolate; Hazelnut and frangelico cookie with raspberry snap and orange mousse; Triple chocolate nougat on almond crunch with vanilla wafer; Vanilla meringue with wild berry preserves and dusted pistachio cookies.

Selection de cinq petits fours et pièce représenters. Crème de guimauve au cerises sûres aux friandises à la échiquier; Pièce montée aux fruits exotiques confits et truffes de citron et chocolat; Tartelettes aux noisettes et frangelico, bouchées aux framboises, mousse d'orange; Triple nougat au chocolat sur crunch amandes à la gaufre à la vanille; Meringues à la vanille, baies sauvages confits et des biscuits aux pistaches.

Iceland
Island
PALUX Topline. Sieger nach Punkten,
Top in Technik und Konzept.

PALUX Topline. Sieger nach Punkten.

Villeroy & Boch

& Boch

Teegebäck, Pralinen und Petits Fours. Pistazien-Maraschino-Buttercreme; Orangen-Butter-Canache; Zitronencreme; Weißmandelnugat; Vanilletrüffel.

Tea Biscuit, Chocolates and Petits Fours. Pistachios-maraschino-buttercreme; Orange-butter canache; Lemon cream; White almonds nougat; Vanilla truffles.

Praliné et petits fours. Crème de beurre, marasquin et pistaches; Canache d´oranges et beurre; Crème de citron; Nougat d´amandes blanches; Truffes à la vanille.

Team British Columbia

Friandises. Haselnusstrüffel; Bitter-Schokoladen-Mille-Feuille; Mandelkrokant; Zitronen-Weichkaramell; Pistazien-Hippenrolle.

Friandises. Hazelnut truffle; Bitter chocolate mille-feuille; Almond brittle; Lemon fudge; Pistachio hollow cornets.

Friandises. Truffes de noisette; Mille-feuille au chocolat noir praliné aux amandes; Fondant de citron; Cornets «Hippen» aux pistaches.

„Meraner Eishockey-Spieler auf Eis." Pistazienzylinder im Schokoladenmantel; Mandarinen-Creme-Kugel mit kandierten Früchten; Mandelbiskuitplätzchen mit Himbeeren; Halbmonde von weißer und dunkler Schokolade; Rumcreme in Pinienkerntüte.

Meran Icehockey Players on Ice. Pistachio cylinder in a chocolate coating; Balls of tangerine cream with candied fruits; Almond biscuit cookies with raspberries; Half moons made from white and dark chocolate; Rum creme in a pine nut cornet.

Joueurs de hockey sur glace de Merano sur glace. Cylindre de pistaches dans un manteau de chocolat; Boules aux crème de mandarines aux fruits confits; Biscuits d´amandes aux framboises; Demi lune de chocolat blanc et noir; Crème de rhum dans un cornet de pignons.

Global Harmonie. Holländisches Gebäck mit Mandel-Gianduja in der Hippenspirale; Schokoladenbogen auf Dattelmarzipan, parfümiert mit Orangenlikör; Überraschung mit Grüntee auf Sesamkrokant; Schokoladentabak in der Ingwer-Brandy-Tuile; Akazienhonig-Canachetütchen.

Global Harmony. Pastries from Holland with almond-gianduja in a hollow cornet spiral; Arched chocolate on marzipan dates scented with orange liqueur; Surprise with green tea on sesame brittle; Chocolate tobacco in a ginger brandy tuile; Acacia honey canache hollow cornets.

«Global Harmonie». Pâtisserie hollandaise aux amandes-gianduja dans une spirale de «Hippen»; arche en chocolat sur massepain au datte parfumée de liqueur d´orange; sûrprise au thé vert sur pralinée de sésame; Tabac au chocolat dans un tuile de gingembre et d´eau-de-vie; Sachet de miel d´acacia et canache.

Petits-Fours-Platte mit Schokoladen-Schaustück.

Petits Fours Platter with Chocolate Showpiece.

Plats de petits fours et piece représenter au chocolat.

Team Dead Sea

Dessert. Schokoladenmousse; Johannisbeercreme; Orangencreme mit Sharonfrucht; Nugat und Schokolade.

Dessert. Chocolate mousse; Red currant cream; Orange cream with sharon fruit; Nougat and chocolate.

Dessert. Mousse au chocolat; Crème de groseilles; Crème d´orange au fruit de sharone; Nougat et chocolat.

Villeroy & Boch

Villeroy & Boch

Villeroy & Boch

„Erste Liebe" – 4 Tagesdesserts. Herzförmiger Erdbeerkäsekuchen mit Erdbeersauce und Vanilleplätzchen; Bayerische Creme mit Apfelsauce; Limonentörtchen mit Himbeerkonfitüre und Kiwisauce; Schokoladen-Mousse-Kuchen „Frangelico"; Rote Johannisbeeren und schwarze Johannisbeersauce.

"First Love" – Four Daily Desserts. A heart shaped strawberry cheese cake with strawberry sauce and vanilla biscuits; Bavarois with apple sauce; Lime tartlettes with raspberry confiture and kiwi sauce; Chocolate mousse cake "Frangelico"; Red currants and red currant sauce.

«Premier amour» – Quatres desserts du jour. Gâteau au fromage blanc et fraises en form de cœur à la sauce au fraises et des biscuit à la vanille; Bavarois à la sauce de pommes; Tartelettes au citron vert à la confiture de framboises et sauce de kiwi; Gâteau de mousse au chocolat «Frangelico»; Groseilles rouges et sauce de cassis.

4 Tagesdesserts. Parfait von Schokolade mit Karamellsauce; Limonencreme mit marinierten Mandarinen; Ananasstrudel mit Salat und Eis von frischen Beeren; Apfel-Tarte mit Zitrusfrüchtesalat und Pistazieneis.

Four Daily Desserts. Parfait from chocolate with caramel sauce; Lemon cream with marinated tangerines; Pineapple strudel with salad of ice-cream and fresh berries; Apple tarte with citrus fruit salad and pistachio ice-cream.

Quatres desserts du jour. Parfait au chocolat à la sauce caramel; Crème de citron vert aux mandarines marinées; Strudel aux ananas, salade et glace de baies fraîches; Tarte aux pommes, salade d´agrumes et glace à la pistache.

Drei Torten. Nusstorte mit Pistazienmarzipan; Vanille-Himbeer-Cremetorte; Mangotorte mit Beeren.

Three Cakes. Nut cake with pistachio marzipan; Vanilla-raspberry cream cake; Mango cake with berries.

Trois gâteaux. Tarte au noix et massepain de pistaches; Tarte à la vanille et crème de framboises; Tarte à la mangue aux des baies.

Süßspeisen. Weiße Mousse im Schokoladenmantel; Apfel- und Ananasdessert mit Kokoseis; Gefüllte Birne; Früchte auf Mousse mit Zitronensorbet auf Hippen.

Desserts. White mousse in a chocolate coating; Apple and pineapple with coconut ice-cream; Filled pear; Fruit on mousse with lemon sherbet on hollow cornets.

Dessert. Mousse blanc dans un manteau de chocolat; Dessert de pommes et d´ananas à la glace de noix de coco; Poire farci; Fruits sur mousse, sorbet au citron sur cornets «Hippen».

Petits Fours mit Schaustück.

Petits Fours with Showpiece.

Petits fours et pièce d'exposition.

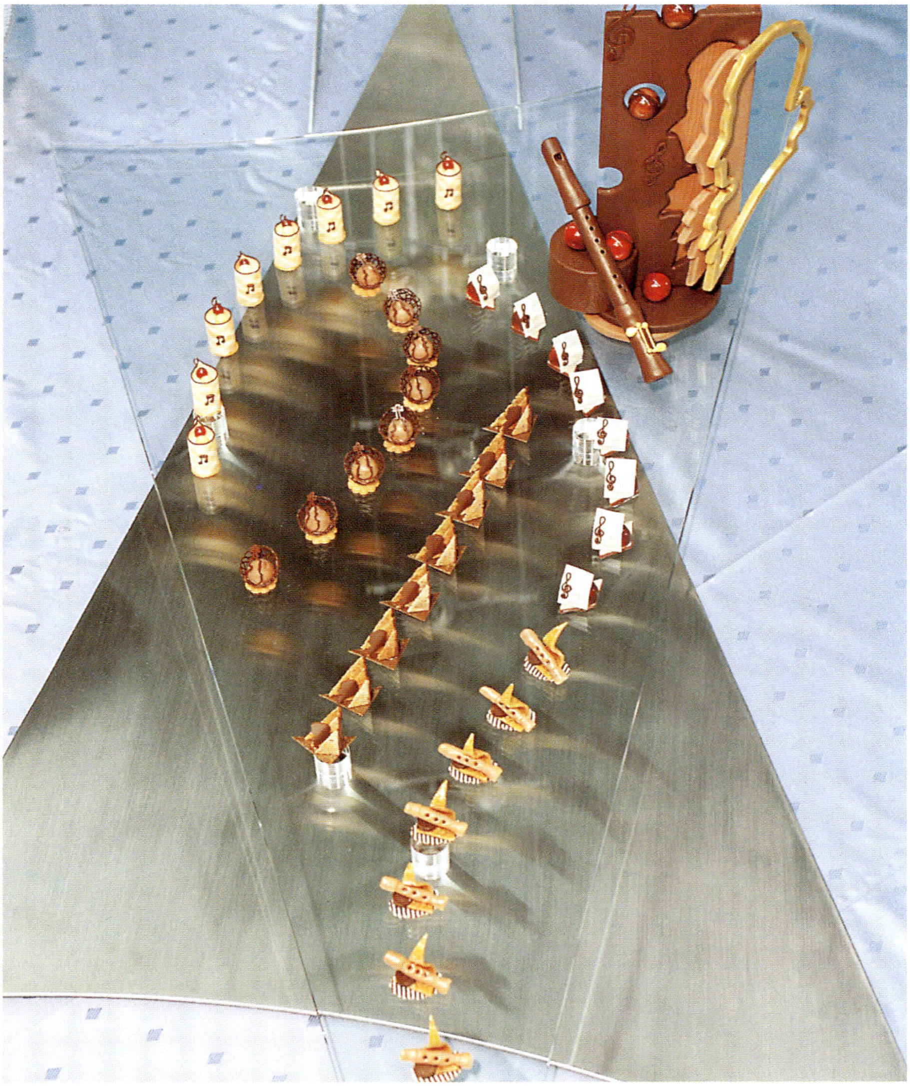

Friandises zur Premierenfeier der Zauberflöte.

Friandises to the Opening Ceremony of the Opera "Magic Flute".

Friandises pour la primeur de l'Opéra «flûte enchantée».

Nestlé
FoodServices

Meine kleinen süßen Stückchen.

My Little Sweet Pieces.

Mes petits bouts sucrés.

Petits Fours.

Petits Fours.

Petits fours.

Petits Fours mit Schaustück „Hochzeit“.

Petits Fours with Showpiece "Wedding".

Petits fours et pièce d'exposition «Mariage».

Pralinen mit Zuckerschaustück; Maronentorte und Schokoladentorte.

Pralines with Sugar Showpiece; Sweet Chestnut Cake and Chocolate Cake.

Pralinés et pièce d'exposition en sucre; Gâteau au marrons et gâteau au chocolat.

Schokoladenschaustück mit Pralinen.

Chocolate Showpiece with Pralines.

Pièce d'exposition au chocolat et pralinés.

Friandises auf Zuckerkistchen mit geblasenem Zucker. Zuckerobst und Schokoladen-schaustück.

Friandises on Sugar Box with Blown Sugar. Sugar fruits and chocolate showpiece.

Friandises sur boîte en sucre au sucre soufflé. Fruits sucrées et pièce d'exposition au chocolat.

Informationsstand
· Bonn ·

JAPAN

Schokoladenschaustück mit Petits Fours.

Chocolate Showpiece with Petits Fours.

Pièce d'exposition aux petits fours.

Friandises.

Friandises.

Friandises.

Zuckeraufbau mit gezogenem und geblasenem Zucker.

Sugar Structure with Pulled and Blown Sugar.

Construction en sucre au sucre soufflé et tiré.

Schokoladenschaustück. „Mountie".

Chocolate Showpiece. "Mountie".

Pièce d'exposition au chocolat. «Mountie».

Zuckerschaustück.

Sugar Showpiece.

Pièce d'exposition en sucre.

Dessert. Parfait von Eierlikör und Cassis und deren Sauce.

Dessert. Parfait from eggflip and cassis and their sauces.

Dessert. Parfait de liqueur d´œufs et du cassis et leurs sauce.

Germany
Israel

Schaustücke, Tafelaufsätze und Dekorationsstücke

Showpieces, Table Decorations and Decorative Items

Pièces d'exposition, surtouts de table et pièces de décoration

Schokoladen- und Zuckerarbeit mit Friandises.

Chocolate and Sugarwork with Friandises.

Travail de chocolat et sucre aux friandises.

Gemüseschnitzerei.

Vegetable Carving.

Sculptur sur légumes.

Schokoladenschaustück. Clown mit Trompete.

Chocolate Showpiece. Clown with trumpet.

Pièce de décoration au chocolat. Clown avec trompette.

Salzteigbild.

Picture of Salt Dough.

Image de pâte salée.

Ludek Prohászka

Vernichtet nicht das Leben, nur so haben wir eine Chance zu überleben.

Don't destroy the life; only like that we have got a chance to survive.

Ne detruiser pas la vie, seulement comme ce la nous avons une chance de survie.

Schokoladenschaustück. Das silberne Auto.

Chocolate Showpiece. The silver car.

Pièce de décoration au chocolat. La voiture en argent.

Modernes Osterei aus Schokolade.

Modern Easteregg out of Chocolate.

Œuf de pâques moderne de chocolat.

Zoltán Perity

Schokoladen- und Zuckerschaustück. „Das letzte Abendmahl."

Chocolate and Sugar Showpiece. "The last supper."

Pièce de décoration en sucre et au chocolat. «Le dernier repas du soir.»

Orientalischer Traum.

Oriental Dream.

Rêve oriental.

Fettarbeit. „Christopherus".

Fat Sculpture. "Christopherus".

Travail de graisse. «Christopherus».

Karoly Varga

Salzteigarbeit. „Erinnerung an die Bugac Puszta."

Salt Dough Work. "Remembrance of the Bugac Puszta."

Pâte salée travaillée. «Souvenir de la Bugac Puszta.»

Karoly Varga

Schnitzerei aus Kokosfett.

Carvings from Coconut Fat.

Sculpture sur graisse de noix de coco.

Zuckerschaustück.

Sugar Showpiece.

Pièce d'exposition en sucre.

Alberto Tomasi

Käseschnitzerei aus Italien.

Cheese Carving from Italy.

Sculpture sur fromage d'Italie.

Schokoladenschaustück. Sinfonie auf Rädern.

Chocolate Showpiece. Symphony on wheels.

Pièce d'éxposition au chocolat. Symphonie sur roues.

Gemüseschnitzerei.

Vegetable Carving.

Sculpture sur légumes.

Das Füllhorn. Symbol aus der griechischen Mythologie für Fülle und Wohlstand; Künstlerische Interpretation aus Margarine.

Horn of Plenty. Symbol from the Greek mythology for abundance and prosperity; Interpretation of art from margarine.

Corne d'abondance. Symbol de la mythologie grecque pour la plénitute et le bien-être; Interprétation artistique en margarine.

Schokoladen- und Zuckerarbeit. Made in Switzerland.

Chocolate and Sugarwork. Made in Switzerland.

Chocolat et sucre travaillée. Fait en Suisse.

RÖSLE

Die Pluspunkte dieser viel gebrauchten Küchenwerkzeuge verdeutlichen den technischen Fortschritt:

1. Komplettes Sortiment von Stiftel-, Kronen- und Dr.-Bircher-Rohkostreiben sowie Hobel in großer und kleiner Ausführung.

2. Reibfläche aus 0,6 mm starkem Edelstahl, Hobelfläche aus 0,8 mm, stabil und lange haltbar.

3. Fugenlose Verbindung zwischen Edelstahlrahmen und Platine (Reib- bzw. Hobelfläche) durch beidseitige stumpfe Laserschweißung mit durchgehender Schweißnaht: hohe Stabilität und optimale Hygiene (keine Bildung von Schmutzecken).

4. Durch Prägung der ausgestellten Schneidezähne sehr scharfe Reibfläche, kräfteschonendes Reiben durch optimal angeordnete Schneidezähne. Schneide der Hobelklinge aus gehärtetem Spezialstahl.

5. Hohe Schneidhaltigkeit.

6. Ergonomischer Griff und dadurch einfache Handhabung.

7. Rutschfeste Gerätefüße für festen Stand in waagerechter und schräger Stellung, in großer Geräteausführung zusätzlich gekröpft zum Einhängen in Schüsseln und Töpfen.

8. Leichte Reinigung mit Spülbürste unter fließendem Wasser, spülmaschinengeeignet.

9. Zum Schutz der Finger Restehalter aus stabilem Kunststoff, Restefixierung durch Haltenoppen auf der Unterseite.

10. Zwölffache Verstellmöglichkeit des Hobels mit durchgehender Rasterung im Bereich 0,3 bis 4,0 mm.

Neue Reiben und Hobel aus Edelstahl von RÖSLE bieten mehr Leistung und erfordern weniger Arbeitsaufwand.

Qualität und System

BAKE OFF ACADEMY

Schlusswort

Der Verband der Köche Deutschlands e.V. beauftragte mich, den sechsten Band „Kochkunst in Bildern" zu gestalten.

Nach den hervorragenden Werken der Autoren KM Karl Brunnengräber (Band 1 bis 3), KM Rudolf Decker (Band 4) sowie Norbert P. Gillmayr, Hansjoachim Mackes und Kurt Matheis (Band 5) war es für mich eine besondere Herausforderung, diesen Band zu gestalten.

Die Zusammengehörigkeit und die Solidarität unter den Köchen und die Beteiligung von Kollegen aus aller Welt machten es möglich, dass unsere IKA trotz wirtschaftlicher Einschränkungen stattfinden konnte. Ohne die ehrenamtlichen Helfer vor und hinter den Kulissen ist es nicht möglich, ein Event dieser Größe zu veranstalten.

Zum Jubiläum der 100. IKA, der Internationalen Kochkunstausstellung, die zum ersten Mal in Erfurt stattfand, kamen die Köche wie alle 4 Jahre aus der ganzen Welt, um zu zeigen, was das aktuellste Angebot im Beruf ist.

26 Nationalteams und 19 Jugendteams, 7 Patissier- und 4 GV-Teams sowie die 14 Streitkräfte-Teams kochten olympisch um Edelmetall.

Alle Fach-Aussteller legten Beweis über den gegenwärtigen Stand der Kochkunst und über den Geist, der sie beseelt, ab.

Ihnen und den zahlreich erschienenen interessierten Besuchern ist es zu verdanken, dass dieses Werk, diese Dokumentation zustande kam.

Wie man erkennen kann, handelt es sich auch bei dieser Ausgabe um eine lebhafte Illustration über die einzigartigen, individuellen Möglichkeiten, die ein Koch hat, seine Visionen und künstlerischen Ideen, seine Kreativität und Fähigkeiten in kulinarische Kostbarkeiten umzusetzen.

Die Devise ist: machbar, der Zeit entsprechend und doch vollendet.

Die Jugendmannschaften bereiteten mit großem Einsatz die Speisen ihres Landes zu und ernteten viel Lob und Anerkennung ihrer Gäste.

Die Kochdemonstrationen begeisterten gleichermaßen die Zuschauer wie Fachleute.

Im internationalen Wettbewerb der Streitkräfte wurden ausgezeichnete Menüs dargeboten.

Erstmals stellten die Kollegen auch Menüs aus der täglichen Verpflegung aus.

In der Küche der Köcheteams aus der Großverpflegung wurde täglich gezeigt, was eine bekömmliche und ausgewogene Ernährung ist.

Die Patissiers, die erstmals an der IKA teilnahmen, zeigten mit praktischen Demonstrationen, wie der heutige Stand bei Torten und Süßspeisen ist.

Das Können der internationalen Kollegen in der warmen und kalten Küche war Anleitung und Lehrbuch zugleich. Die Köstlichkeiten von Könnern der verschiedenen Länder boten ein breites Spektrum internationaler Spezialitäten in exzellenter Form auf höchstem Niveau.

Spektakuläre und höchst interessante Fachvorführungen auf der Schaubühne hatten eine besondere Publikumswirksamkeit. Die täglichen Darbietungen von Spezialisten sowie diverse praktische Fachvorträge begeisterten das Publikum, und es quittierte diese Live-Aktionen mit dankbarem und stürmischem Beifall.

Wir versuchten möglichst alle Teilnehmergruppen zu erfassen, so weit es bei dieser Vielfalt und in der kurzen Zeit der Ausstellung überhaupt möglich war. Nicht alle, aber viele Kolleginnen und Kollegen werden sich oder ihre Arbeit im Buch wiederfinden und feststellen, dass sich ihr Einsatz und ihr Engagement für die Kochkunst und den Beruf gelohnt haben.

Wenn kulinarische Ausstellungen dieser Art als Gradmesser der Leistungsfähigkeit eines Berufsstandes dienen und sowohl Ideen und Anregungen vermitteln sollen für den eigenen Bedarf einerseits wie auch als Motivation für Jugend und Nachwuchs andererseits, dann war auch diese Olympiade der Köche richtungweisend.

Wir sind der Meinung, dass unser Berufsstand das neue Jahrtausend gebührend begrüßt hat.

Auf ein Wiedersehen bei der IKA „2004".

Hansjoachim Mackes

Final Remarks

The Association of German Cooks honoured me by asking me to help design this sixth volume of "The Art of Cooking in Pictures".

This book takes its place in a series of outstanding volumes by Master Chefs Karl Brunnengräber (Nos. 1–3), Rudolf Decker (No. 4), and Norbert Gillmayr, Hansjoachim Mackes and Kurt Matheis (No. 5). It was a special pleasure for me to help in the shaping of this volume.

The fellowship, solidarity, and participation of colleagues and cooks from all over the world have continued to make it possible for the International Culinary Arts Show, or "IKA", to take place every 4 years in spite of economic restrictions. Without the many persons who have helped out in an honorary capacity in public and behind the scenes, it would be impossible to organize an event of this magnitude.

As has been the case every 4 years, cooks came in the year 2000 from all over the world to the International Culinary Arts Show, which celebrated its 100-year anniversary and took place for the first time in Erfurt, Germany. They came to show the latest offerings of their profession.

26 national teams, 19 junior teams, 7 pastry cooks, 4 large-scale catering teams and members of the armed forces cooked on an Olympian level to win gold, silver, and bronze medals.

All the professional exhibitors offered proof of the current state of the art of cooking and the spirit that inspires them. It is thanks to them and the many interested spectators that this book and its documentary material came into existence.

As the illustrations show, the International Culinary Arts Show presented a lively spectacle of the one-of-a-kind, individual possibilities which are open to a cook for putting his visions and his artistic ideas, his creativity and abilities into reality in the form of culinary gems.

The International Culinary Arts Show proved again that the art of cooking is down-to-earth, up-to-date, and fulfilling.

The junior teams prepared the foods of their respective countries with great dedication and deservedly earned the enthusiastic praise and approval of their guests. Their culinary demonstrations thrilled both the spectators and those in the profession. Superb menus were offered in the international competition of the armed forces. And for the first time, the participants also presented menus from the world of daily meal preparation, and every day the teams of large-scale caterers showed what goes into a wholesome and well-balanced diet.

The pastry cooks, who took part in the International Culinary Arts Show for the first time, gave practical demonstrations of the current status of cakes and desserts.

The skills of our international colleagues in the areas of hot foods and cold buffets served as both demonstrations and a textbook. The delicacies served by masters of their trades from various countries offered a broad spectrum of international specialties on the highest level of excellence.

Spectacular and profoundly interesting professional demonstrations by on-stage experts had a special magnetism for the viewers: daily offerings by specialists and diverse practical lectures by experts enthralled the audiences which responded to these live presentations with grateful and tumultuous applause. We have attempted to mention all participating groups to the extent that this was at all possible in view of the wide diversity and the short time of the exhibition. Not all of our individual colleagues will find their names here, but at least many will recognize themselves or their work in this book and will hopefully find that their dedication and commitment to the art of cooking and their profession have been rewarded.

Culinary exhibitions like the "IKA" are intended to serve as a yardstick of the level of performance of this professional group. They also convey ideas and tips for those participating and provide motivation for the younger and upcoming generations. Judged by these criteria, the IKA 2000, the Olympiad of Cooks, set the direction for the future. We believe that our professional group has done a worthy job of inaugurating the new millennium.

Until we meet again at the IKA "2004",

Yours truly,

Hansjoachim Mackes

Conclusion

Le groupement des cuisiniers allemands – Verband der Köche Deutschlands e.V – m'a confié la réalisation de ce sixième volume de «L'art culinaire en images».

Après les remarquables ouvrages des auteurs KM Karl Brunnengräber (volumes 1–3), KM Rudolf Decker (volume 4) et Norbert Gillmayr, Hansjoachim Mackes et Kurt Matheis (volume 5), réaliser ce volume représentait à mes yeux un véritable défi.

La camaraderie et la solidarité qui règnent parmi les cuisiniers ainsi que la participation de collègues du monde entier ont permis à notre IKA d'avoir lieu malgré toutes les restrictions économiques. Et sans les nombreuses aides bénévoles en coulisses ou sur le devant de la scène, il n'aurait pas été possible d'organiser un événement de cette ampleur.

Pour son centenaire, l'IKA, l'Exposition gastronomique internationale, s'est déroulée pour la première fois à Erfurt et, comme tous les quatre ans, des cuisiniers sont venus du monde entier pour présenter les tendances actuelles de la profession.

Vingt-six équipes nationales et 19 équipes jeunes, 7 équipes de pâtissiers et 4 de ravitaillement collectif, sans oublier les 14 équipes de forces armées, ont cuisiné à un niveau olympique pour tenter de gagner une médaille. L'ensemble des exposants spécialisés a mis l'accent sur la situation actuelle de la gastronomie et a su témoigner de l'esprit qui les a animé. C'est à eux et aux nombreux visiteurs intéressés qui se sont déplacés que cet ouvrage, ce document, doit l'existence.

Comme on le verra, cette édition constitue également une illustration vivante des diverses possibilités individuelles et originales dont dispose un cuisinier pour traduire dans des chefs d'œuvres gastronomiques ses visions, ses idées artistiques, sa créativité et ses talents.

La devise est alors, tout est faisable, en fonction du temps disponible mais toujours parfaitement achevé.

Les équipes jeunes ont fait preuve d'un grand engagement lors de la préparation des plats de leurs pays respectifs et ont su s'attirer ainsi les louanges et la reconnaissance de leurs hôtes.

Les démonstrations culinaires ont suscité autant d'enthousiasme parmi les spectateurs que parmi les spécialistes.

La compétition internationale des forces armées a permis la présentation de savoureux menus.

Pour la première fois, nos collègues ont également proposé des menus pour les repas quotidiens. Dans leurs cuisines, les équipes de cuisiniers de la gastronomie collective ont montré chaque jour ce que peut être une alimentation saine, légère et équilibrée.

Les pâtissiers, dont c'était la première participation à l'IKA, ont illustré en pratique la tendance actuelle des tartes et desserts. Le savoir de nos collègues du monde entier en cuisine chaude ou froide constituait autant une démonstration qu'un manuel d'apprentissage. Les délices offerts par de talentueux cuisiniers de différents pays représentaient un large éventail de spécialités internationales parfaitement réussies au plus haut niveau.

Les démonstrations de spécialistes sur scène, spectaculaires et pleines d'intérêt, ont particulièrement impressionné le public. Les présentations quotidiennes d'hommes de l'art et les divers exposés techniques et pratiques l'ont enthousiasmé et il a salué ces spectacles en direct par de longs applaudissements. J'ai essayé pour ma part de voir tous les groupes de participants, dans la mesure où la grande variété et la courte durée de l'exposition le rendaient possible. Bon nombre de mes collègues, pas tous cependant, se retrouveront, eux ou leur travail, dans le présent ouvrage et constateront que leur engagement et leur dévouement envers l'art culinaire comme envers leur profession se sont révélés payants.

Si de telles expositions culinaires peuvent servir d'échelle pour mesurer la capacité de rendement d'une branche professionnelle et transmettre des idées et des incitations, que ce soit à titre personnel ou sous forme de motivation pour les jeunes qui assureront la relève, alors on peut dire que cette Olympiade des cuisiniers aura joué un rôle pilote. Nous pensons que notre profession a salué comme il se doit le nouveau millénaire et vous disons.

Jusqu'à la prochaine IKA «2004»

Hansjoachim Mackes

ISBN 3-87516-709-0

*Der Verband der Köche Deutschlands und der Matthaes Verlag in Stuttgart beschlossen diese sechste IKA-Dokumentation.
Die beispielhafte Zusammenarbeit aller Beteiligten ermöglichte die Gestaltung und Entstehung dieses Werkes.
Ihnen allen gebührt der Dank des Herausgebers:
dem Autor Hansjoachim Mackes
dem Fotografenteam mit Jürgen Leupold, Thomas Reichle und Markus Mertmann
und den Assistenten Sinta Hägele und Mark Schleiss,
die mit professionellem Engagement und persönlicher Begeisterung ihre Aufgabe bestens gelöst haben, sowie
den Kollegen Wolfgang Walter und Axel Rühmann, Susi und Ferdi Gromann und Dieter Nothnagel für ihre Mithilfe während der IKA.*

Fotos: Fotostudio Leupold, Stuttgart

Auswahl der Abbildungen und deren Beschreibung:
Hansjoachim Mackes, Küchenmeister, Stuttgart

Gesamtherstellung: Matthaes Druck, Stuttgart
Printed in Germany – Imprimé en Allemagne